JN244720

カトリック儀式書

幼児洗礼式

出版元の変更にあたって

第二バチカン公会議の『典礼憲章』67条の指示を受けて改訂された『幼児洗礼式』儀式書は、一九六九年五月にラテン語規範版が発行され、日本語版は一九七五年十二月に発行されました。以後、「イエズス」の表記を「イエス」に変更し、文語の「主の祈り」を口語に置き換えるなど、部分的な修正を加えて使用されてまいりました。

このたび、諸般の事情により、出版元をあかし書房からカトリック中央協議会に変更することになりましたが、内容に関する修正は行わず、一部の表記の誤りを直し、他の儀式書との整合性をふまえた修正を行うなど、最小限の修正にとどめました。本儀式書の本格的な改訂には、『ミサ典礼書』の改訂作業が終了した後に着手することになると思われます。

最後になりますが、これまで長年にわたり本儀式書の発行のためにご尽力くださったあかし書房に、心から感謝と御礼を申し上げます。

二〇一九年六月九日　聖霊降臨の主日に

日本カトリック典礼委員会委員長　白浜　満

序文

従来の幼児洗礼式は一六一四年、教皇パウロ五世によって認可された儀式であるが、その式次第も式文も、ともに古来の成人入信式を多少短くまとめたものに過ぎなかったため、第二バチカン公会議は、それを幼児の実状に順応させて改訂するよう定めた（典礼憲章67参照）。こうして典礼の歴史の中で、今回初めて幼児の洗礼にふさわしい儀式が作られることになり、そのラテン語規範版が一九六九年に発行された。

成人の洗礼と違って、信仰をまだ自分のものとして表明することのできない幼児の洗礼は、親の信仰と責任を前提としている。このため幼児洗礼式では、信仰育成の上で親が果たすべき義務と決意が、儀式そのものの中に明白に表れるよう（典礼憲章67参照）最大の配慮がなされており、式は全般にわたって、親が積極的に参加し行動するよう構成されている。

したがって、このような幼児専用の儀式書は、成人入信のために用いることができない。

人は、洗礼の秘跡によって初めてキリストの過越の神秘にあずかり、神の民の中に受け入れられる。この、キリストへの合体と教会共同体への参加を表すために、洗礼式は主日のミサの中で行われることが望ましく、また合同洗礼式がすすめられているのも新しい点である。

ここに発行する日本語版の儀式書「幼児洗礼式」は、一九七四年五月の司教協議会総会において認可されたものである。この儀式書作成に当たって、広く全国から意見を求めるため、一九七二年全国典礼委員会合同会議が開かれ、種々の問題点ならびに日本への適応㊟が検討され、同時に、儀式書編纂委員会が組織された。同委員会は合同会議の結論をもとにして試用版を作成し、一九七三年五月の司教協議会総会で認可を受けた。この暫定儀式書は全国各地で試みに用いられたが、その経験をもとに、さらに必要な検討が加えられ、「成人のキリスト教入信式」との綿密な調整も行われた。こうして最終的な草案が作られて認可を受ける運びとなったのである。

本書は使徒座の認証を受けるよう手続きがとられ、発行とともに正式儀式書として全国において用いられることになる。

一九七五年八月二十五日

典礼委員長　長　江　恵

㊟　編集後記参照

目次

入信の秘跡の緒言

キリストは秘跡である

1　永遠の父は、英知といつくしみに基づく全く自由な神秘的な配慮をもって全世界を創造し、人々を神の生命への参与にまで高めることを決定された。神である父はまた、アダムにおいて罪人となった人々を見捨てることなく、一切のものを子において刷新することを望まれ、見えない神の姿である子を世に遣わされた。

こうして、人となられた神の子である主イエス・キリストは、父のみ旨を果たすために地上に神の国を開始し、父の神秘を人々に啓示し、従順によってあがないを成就された。実にキリストご自身において神の国は現れているのであって、キリストこそ人々に神の生命を与える見えるしるしそのものであり、根源的な秘跡である（教会憲章2、3参照）。

教会は秘跡である

2　父が子に、地上で行うべきものとしてゆだねられたみわざが完成した後、五十日祭の日に聖霊が遣わされた。それは、聖霊が教会を常に聖とし、こうして信者が、キリストを通して唯一の霊において父に近づけるようになるためであった。聖霊は生命の霊、すなわち永遠のいのちのほとばしり出る泉であって、教会の中と信者の心の中に、あたかも神殿におられるように住み、信者の中で祈り、かれらが神の子となったことについてのあかしを立てられる。

こうして教会は、父からのたまものとして聖霊を与えられ、愛と謙虚と自己放棄を命じるキリストのおきてを忠実に守るとともに、諸国民に神の国を告げる使命を受け、地上におけるその芽生えとなった。したがって教会は、神との親密な交わりと全人類一致のしるしであり道具であって、キリストにおける秘跡である（教会憲章4、5、1参照）。

教会の諸秘跡

3　人となられた神の子は、死と復活により、死に打ち勝って人間をあがない、人間を新しい被造物とされ、諸国民の中から呼び集められた兄弟たちを、ご自分の霊を与えることによってご自分のからだとして神秘的に構成されたのである。この、キリストのからだである教会の中で、キリストの生命が信じる者の中に広がって行くのであって、かれらは見えない恵みの見えるしるしである諸秘跡を通して、苦しみと栄光を受けたキリストに神秘的、実在的に結ばれる（教会憲章7参照）。

一　キリスト教入信の秘跡

洗礼・堅信・聖体

4　すべての秘跡の中心であるミサ、すなわち主の晩さんと、それに向けられている洗礼と堅信は、キリスト教入信の秘跡と呼ばれる。わたしたちは、この三つの秘跡によって悪の力から解放されてまことの自由を得、キリストとともに死んで葬られ、キリストとともに復活して神の子となる霊を受ける。そしてキリスト教生活全体の源泉であり頂点である主の過越の記念を、神の民とともに感謝にあふれて喜び祝う。

洗礼によって、わたしたちはキリストに結ばれて神の民に加わり、またすべての罪をゆる

1,2 規範版番号

され、水と聖霊によって新しく生まれる。こうしてわたしたちは神の子と呼ばれ、事実、神の子となるのである（一ヨハネ3・1　ローマ8・15参照）。

堅信によって、わたしたちは父のたまものである聖霊のしるしを受け、主にいっそう似る者となり、聖霊に満たされる。こうしてわたしたちは、洗礼の時 宣言した信仰に生き、世にあってことばと行いでキリストのあかしとなり、キリストのからだの完成のために働く。

さらに、わたしたちは**主の晩さん**にあずかり、「人の子の肉を食し、その血を飲む」ことによってともにいのちのかてを受け、神の民の一致を深めてゆく（ヨハネ6・55参照）。同時にみずからをキリストとともにささげて、大祭司イエス・キリストによってあがなわれ神にささげられた教会に結ばれてゆく。またより豊かに聖霊を注がれて、全人類が神の一つの家族になるように祈る（教会憲章28参照）。

このように、キリスト教入信の三つの秘跡は互いにあいまって、わたしたちキリスト者が愛を通してしだいにキリストの背丈に成長するように導き、神の民全体が世界の中で担っている使命を果たす力を与える（教会憲章31参照）。

二　洗礼の秘跡のとうとさ

信仰の秘跡

5　洗礼は、神のいのちにあずからせる新約の最初の秘跡である。この秘跡を受けて永遠のいのちを得るように、キリストはあらゆる人に呼びかけ（ヨハネ3・5）、のちに使徒たちに「行って万民に教え、父と子と聖霊のみ名に入れる洗礼を授けなさい。」（マタイ28・19）と命じて、この秘跡を福音とともにご自分の教会にゆだねられた。

したがって洗礼は何よりもまず、わたしたちが聖霊に照らされて、キリストの福音にこたえるようになる信仰の秘跡である。そのため教会は、洗礼志願者、受洗する幼児の親、代父母が、まことの信仰を生活に表すよう励ます。入信する人が信仰の恵みにこたえて新しい生活を始め、すでに受洗した人が信仰生活を深めるように導くことを、教会は古くからもっとも大切なつとめと自覚してきた。

この目的のために、成人入信の全過程と、受洗する幼児の親の準備があり、またことばの祭儀と洗礼の信仰宣言が行われる。

9

教会に はいる

6　洗礼は、わたしたちを教会に入れる秘跡であり、わたしたちは洗礼を通して、聖霊によ 4
る神のすまい（エフェソ2・22）、王的祭司、聖なる民族となる（一ペトロ2・9）。洗礼はま
た、聖霊を注がれたすべての人を結ぶ一致のきずなである。
　洗礼がもたらすこの変わることのない結果を表明するため、神の民の前で塗油の儀式が行
われる。また洗礼は、このような結果を生み出すものであるから、すべてのキリスト信者は
洗礼式を重視し、有効な洗礼は、カトリック以外の教会で授けられた場合であっても、繰り
返して授けることはできない。

神のいのちを得る

7　いのちのことばによる水の洗い（エフェソ5・26）は、わたしたちを神の本性にあずか 5
らせ（二ペトロ1・4）、神の子とする（ロマ8・15　ガラテヤ4・5）。水の祝福の祈りに述べ
られている通り、洗礼は神の子らが新たに生まれるための洗いであり（テトス3・5）、上か
らの誕生（ヨハネ3・5）である。洗礼の時、父と子と聖霊のみ名によって洗礼を授けるのは、

人々を神に奉献されたものとし、父と子と聖霊の交わりにはいらせるためである。

このような奉献と交わりは洗礼の秘跡の頂点であり、それに備え導くために、聖書朗読、共同体の種々の祈り、信仰宣言が行われる。

キリストの死と復活にあずかる

8　以上のように、洗礼は旧約の律法の清めをはるかにしのぐ結果を生むが、それは主の受難と復活の神秘の力による。受洗者はキリストに結ばれてその死のさまに等しくなり、キリストとともに死んで葬られ（ロマ6・4—5）、またキリストにおいて生かされ、キリストとともに復活するからである（エフェソ2・6）。洗礼によって記念され、現実となるのは、まさしく過越の神秘であり、わたしたちは洗礼によって死から生命へと移って行くのである。

このため洗礼式は、復活徹夜祭や主日に行う場合は言うまでもなく、いつも復活の歓喜に輝いている。

三　洗礼式における役割

洗礼志願者に対する神の民の根本的役割

9　教会全体は、使徒たちから受け継いだ信仰を人々に伝えはぐくむ神の民として、洗礼の準備とその後の養成について配慮する重大なつとめを持っている。成人は、教会の奉仕を通して聖霊によって福音へと導かれ、幼児は教会の信仰の中で洗礼を授かり、教育を受ける。したがって、選任された信徒もその他の信徒も、すでに洗礼の準備段階で、司祭や助祭に協力することはきわめて大切である。

さらに洗礼式には、代父母、両親、近親者ばかりでなく、なるべく友人、知人、また地域教会の何人かの信者が神の民の代表として参列し、積極的な役割を果たして、同じ信仰を宣言し、新しい受洗者を教会に迎える喜びと感謝をともにする。神は洗礼の秘跡を通して共同体に働きかけておられ、神の民は新しい受洗者によって新たにされ、成長するのである。

代　父　母

10　教会の古代からの習慣に従い、成人の洗礼には、キリスト信者の共同体の中から選ばれ 8
た代父母を必ずたてる。代父母は、少なくとも準備の最後の段階で洗礼志願者を助け、また洗礼の後には、本人が信仰とキリスト教的生活を保ち、深めるよう配慮する（教会の宣教活動に関する教令14参照）。

幼児洗礼にも代父母をたてる。代父母は、受洗する幼児の家庭とキリスト信者共同体とのつながり、また神の子らを生む母としての教会を表す。なお代父母は必要であれば、受洗した幼児が信仰を学び、生活の中に信仰を表すものとなるよう親を助ける。

11　代父母は洗礼準備期の儀式と洗礼式にあずかる。それは、洗礼を受ける成人の信仰の証 9
人となるため、また幼児洗礼の場合には、親とともに教会の信仰を宣言するためである。

12　このため、必要な資格を備えている人が代父母に選ばれるように司牧者は配慮する。他 10
の事情のない限り、次の条件を念頭におくとよい。

(1)　代父母の務めを果たせる成熟度に達している。

(2) 入信の秘跡、洗礼・堅信・聖体の秘跡を受けている。

(3) カトリック教会に属している。

しかしカトリック以外の教会で洗礼を受け、キリストへの信仰を表明している人も、正当な理由がある場合、カトリックの代父母といっしょに代父母をつとめること、あるいはキリスト者として洗礼の証人となることができる。その際、エキュメニズムに関して種々の場合に定められている規則に従う（「エキュメニズム指針」—一九六七年公布—第一部『教会一致、洗礼、霊的な事柄における交わりについて』48、57項参照）。

(4) 同じ洗礼式において、一人の人が何人もの代父母になることは避ける。

洗礼を授ける人

13　洗礼を授ける人は本来、司教、司祭、助祭である。司祭、助祭が不在の地域では、司教から選任された信徒が洗礼を授けることができる。洗礼式を行う時、自分が教会の中で、キリストの名によって、また聖霊の力によって行うということを忘れてはならない。そのためまごころをこめて神のことばを告げ、秘跡の祭儀を行う（教会憲章41、典礼憲章14、26、28、宣教活動教令15、ミニステリア・クエダム参照）。

司　教

14　司教は秘跡の第一の奉仕者として、また自分にゆだねられた教会における典礼生活全体を指導する任に当たる者として、キリストの祭司職にあずからせる洗礼について教区全体にわたって指導する責任がある。 12

司教はまた、復活徹夜祭中、みずからも洗礼式を行うよう心がけ、とくに成人洗礼とその準備について配慮する。

司祭と助祭

15　司牧者は入信を希望する人を教育し、入信の秘跡を授けることによって司教を補佐する。 13
幼児の洗礼については、信徒の協力を得て両親、代父母を適切な方法で準備させ、洗礼を授ける。

四旬節、復活節中の説教などを通して、信者が洗礼の霊性に生きるように導く。

16　修道院、学校その他の施設で洗礼を授ける司祭、助祭は、教会の定めに従って必ず小教 14
区に届ける。さらに受洗者が教会共同体へ積極的に参加できるよう、洗礼以前から配慮する。

17　司式者は、とくに受洗者が多数の場合など、洗礼式の各部の規定にしたがって、他の司 15
祭、助祭、信徒の助けを借りることができる。

緊急洗礼を授ける人

18　(1)　死がさし迫っている場合、司祭または助祭が不在のときは信徒が、また教会の意向 16
に同意する人であれば、信者でなくとも洗礼を授けることができ、場合によっては授ける義
務がある。

(2)　死の危険にあるが時間の余裕がある場合で、司祭、助祭が不在のときは、できるだけ信徒が緊急洗礼式次第を用いて授ける。共同体の代表として何人かの信者が集まるよう配慮し、その中の一人が代父母となる。

(3)　緊急洗礼の司式者が司祭の場合、できるだけ洗礼に続いて堅信も授ける。その他の場合にも、司牧者は緊急洗礼を受けた人が堅信の秘跡も受けられるように配慮する。

(4) 祭司的な民の一員として、信徒は皆（とくに親、助産婦、福祉施設で働く人、医者、看護士）緊急洗礼の正しい授け方を知っておくよう心がけなければならない。

　司祭や助祭、教話担当者はそれを教え、また司教は、そのような教育について適切な方法を講じる。

四　洗礼式において留意すべき事柄

洗礼の儀のことばと方法

19　洗礼を授ける時には「〇〇〇〇（姓名）、わたしは父と子と聖霊の み名によって、あなたに洗礼を授けます。」ということばを唱えながら頭に三度水を注ぐか、全身を三度水に浸す。

22，23

洗　礼　水

20　洗礼水には、しるしの真実性のためにも衛生のためにも、きれいな水を用いる。寒い地方では、必要に応じて水を暖めるよう配慮する。洗礼盤や洗礼水を入れた容器は清潔で品位のあるものを用いる。

18～20

21　司祭や助祭は普通、洗礼のために祝福された水で洗礼を授ける。復活徹夜祭に水の祝福を行った場合、復活節中はなるべくその水を用いる。それは、洗礼の秘跡と過越の神秘との緊密な関係を表すためである。

復活節以外の時には、洗礼式の度毎に水を祝福することが望ましい。それは、教会が洗礼式の時に記念し宣言する救いの神秘が、水の祝福のことばによって明らかにされるからである。水がわき出るように造られている洗礼所では泉を祝福する。

21

洗礼の場所

22　洗礼は普通、小教区の教会で行う。それは、洗礼が教会の信仰の秘跡であること、また神の民に加える秘跡であることを明らかに示すためである。したがって死の危険がある場合や、外出が長期間不可能な場合などの特殊な例を除き、私宅や病院で洗礼を授けることは避けるようにする。

（幼児洗礼緒言 10，12，13）

23　洗礼所（洗礼のための水がわき出るように造られている場所、あるいは洗礼盤が置かれている場所）は聖堂内の一部に設けることができるが、列席者からよく見え、できるだけ大

25

ぜいの人が参加できるようにする。洗礼所は、キリスト信者が水と聖霊によって生まれる場として真にふさわしいものであるようにする。

24 洗礼式は会衆がよく参加できる場所で行う。洗礼所があるとしても、そこに洗礼志願者と参加者が全員はいれない場合には、聖堂内の適した場所で行う。 26

復活のろうそく

25 洗礼式には復活のろうそくをともし、そこから受洗者のろうそくに火を分ける。 25

歌

26 歌は参加者の心の一致を生み出し、皆を共同の祈りに向かわせ、さらに洗礼式の持つ過越の歓喜をいっそうよく表すのに役立つ。 33

洗礼の時期

27 成人の入信および幼児洗礼の時期については、それぞれの箇所で詳しく述べられるが、 27, 28

20

洗礼式には常に復活の喜びが表されるように留意する。

幼児洗礼はなるべく合同で行う。正当な理由がなければ、同じ日に同じ教会で二度洗礼式を行ってはならない。

洗礼台帳

28 主任司祭は、直ちに受洗者の姓名と生年月日、両親と代父母、ならびに司式者の姓名、洗礼の場所と日付を洗礼台帳に正確に記入する。

幼児洗礼の緒言

一　幼児洗礼の重要性

幼　児

1　ここで言う幼児とは、まだ分別がつかず、信仰を自分のものとして表明することのできない者を指す。

幼児洗礼の習慣

2　福音を宣教し、洗礼を授ける使命を与えられた教会は、最初の時代から成人ばかりでなく幼児にも洗礼を授けてきた。それは「人は水と霊によって生まれなければ神の国に はいることはできない。」（ヨハネ3・5）という主のことばの中に、幼児にも洗礼を拒んではならないことを教会が常に理解してきたからである。

1 規範版番号　2

幼児は、両親、代父母、参加者一同が宣言する教会の信仰の中で洗礼を受ける。この人々は地域教会を代表するとともに、母なる教会全体を代表しているのである。

信仰における幼児の成長

3　幼児は教会の信仰の中で受洗したのであるから、秘跡の意味が実現されるために、その 3
信仰の中で育てられなければならない。幼児の受けた秘跡そのものがキリスト教教育の基礎なのである。キリスト教教育は、キリストのうちに示された神の計画を徐々に教え、ついに本人自身が教会の信仰を承認できるように導くことを目標としている。

二　洗礼式における役割

地域教会の役割

4　地域教会によって代表される神の民は、成人の入信の場合と同様、幼児の洗礼の時にも 4
重大な役割を持つ。幼児は、秘跡の祭儀の前にも後にも共同体の愛と助けを受ける権利を持っている。共同体はまた洗礼式中、会衆の任務として「入信の秘跡の緒言」9にあげられている務めのほかに、親と代父母の信仰宣言の後、司式者とともにそれに対する同意を表明することによって自分の務めを果たす。

こうして幼児洗礼は、家族の信仰だけではなく、キリストの教会全体の信仰の中で授けられることが明らかになる。

親の役割の重要性

5　親の役割は幼児洗礼の場合、代父母が持つ役割より大切である。

(1) 親は信仰をもって、あらかじめ洗礼式とその意義をよく理解するようにつとめる。そのため友人や共同体の助けを受け、また本や小冊子などの適当な手段を用いて準備する。

(2) 幼児が、水と聖霊によって神の子として生まれる洗礼式に、親が参加することは当然である。

(3) 親は、洗礼式の時に参加者とともに祈りをささげるほか、次にあげる固有な役割を果たす。

イ　子どもの洗礼を公に願う。
ロ　司式者に続いて子どもの額に十字架のしるしをする。
ハ　悪霊の拒否と信仰宣言を行う。
ニ　洗礼が授けられる時、幼児を抱いている（これは第一に母親の務めである）。
ホ　火をともしたろうそくを持つ。
ヘ　親のための特別の祝福を受ける。

(4)　カトリック信者でないために信仰宣言ができないときは黙っていてもよい。その場合、子どもの洗礼を願うことと、信仰に関する教育を配慮するか、または少なくとも認めることが要求される。

(5)　子どもの洗礼の後、親は神に感謝をささげ、自分の責任を自覚して、子どもに信仰を伝え、堅信と聖体の秘跡を受ける準備をさせなければならない。

代　父　母

6　幼児洗礼の場合にも代父母をたてる。代父と代母の両方をたてることもできる。代父母は洗礼の時、幼児を抱いたり、手を触れたりする必要はない。

25

司牧者の役割

7　「入信の秘跡の緒言」（13―17）の中で、洗礼を授ける人（司教、司祭、助祭）について述べられていることのほかに、次の点が指摘される。

(1)　司祭は助祭と信徒の助けを借りて、親を訪問したり、いくつかの家族を集めて会合を持つようにする。また洗礼後の教育、堅信・聖体の秘跡を受ける準備について親を助ける。

このような司牧活動を教区内に促進させるのは司教の任務である。

(2)　司牧者は、洗礼式がふさわしく喜びをもって行われるようつとめる。また家族の事情と希望にできるだけ沿うよう配慮する。親の一方が信者でない場合には、できるだけ出席するようすすめるが強制してはならない。また式の間も、共同体の中で疎外感を与えないように配慮する。

三、幼児洗礼の時期

時期の決定

8　洗礼の時期を定めるにあたって、まず幼児の救いを考えて、幼児に秘跡の恵みを失わせないようにする。次に母親の健康状態を考えて、なるべく母親自身が式に参加できるように配慮する。さらに、洗礼について親に準備をさせるため、また洗礼式にあずかる共同体の準備に必要な期間をとるようにする。したがって

(1) 幼児の生命に危険があれば、直ちに洗礼を授けるべきである。

(2) 一般に親はできるだけ早く、場合によっては出生以前にも、子どもの洗礼について司祭と相談し、洗礼式がふさわしく準備できるようにする。

(3) 洗礼は誕生後、早い時期（数か月以内）に授ける。

(4) なるべく合同洗礼式を行うように配慮する。

(5) キリスト者としての教育を子どもに授ける心構えが親にない場合、司牧者は洗礼の時期を延期し、幼児が受洗できるよう親の準備につとめる。

(6) 親子がともに洗礼を受ける場合を除いて、幼児洗礼と成人入信式とは合わせて行わない（成人のキリスト教入信式付録参照）。

9　洗礼の持つ過越の性格を明らかにするために、教会が主の死と復活を記念する復活徹夜 9
祭、もしくは主日に秘跡を授けることが望ましい。主日の場合、全共同体が式に参加できるように、また洗礼と主の晩さんの本来の関係を示すために、洗礼式をミサ中に行うことができる。復活徹夜祭、あるいは主日のミサ中に行う洗礼式についての適応は後述する（19―20）。

四　幼児洗礼式の構成

㈠　通常の幼児洗礼式

開　祭

10　洗礼式は開祭―幼児を迎える式―で始まる。この式の中で、親と代父母の願いと教会の 16
意向が表明され、司式者と親、代父母は、幼児の額に十字架をしるすことによってそれを表す。開祭は集会祈願で終わる。

ことばの典礼

11　洗礼の儀の前にことばの典礼を行って、親、代父母、および参加者の信仰を強め、また 17
共同の祈りによって秘跡の恵みを願う。それは聖書朗読、説教と沈黙の祈り、共同祈願から成り立つ。共同祈願の結びは「解放を求める祈り」であって、続いて按手が行われる。

親と代父母は、ことばの典礼にあずからなければならない。その間、幼児を他の場所に連れて行ってもよい。

洗礼の儀

12　洗礼式の中心部である洗礼の儀は次の要素から成り立っている。 18

(1)　直前の準備

イ　水の祝福

司式者は洗礼式のつど、祈りの中で神を呼び求め、救いの歴史を想起しつつ水を祝福する。ただし復活節中は、復活徹夜祭に祝福した水があれば、祝福を思い起こす祈りを唱える。

ロ　悪霊の拒否と信仰宣言

親と代父母は悪霊の拒否と信仰宣言を行い、それに対して司式者と共同体は同意を表す。その後、親と代父母に最後の質問が向けられる。

(2) 洗　礼

父と子と聖霊の名を呼びながら頭に三度水を注ぐ。

(3) 洗礼後の式

最後に、聖香油の塗油を行って、受洗者が王的祭司職にあずかり、神の民に加えられたことを示す。続いて白衣と火をともしたろうそくを授け、洗礼名を与えて洗礼の儀は終わる。

13 洗礼式がミサ中に行われる場合、洗礼の儀の後、感謝の典礼に移る。

閉　祭

14 洗礼式がミサ中に行われなかった場合には、司式者は招きのことばを述べ、一同は「主の祈り」を祭壇の前で唱えて、将来幼児が感謝の祭儀にあずかることを表す。

最後に、神の恵みが豊かに注がれるように、幼児、親、また参加者一同に特別な祝福が与えられる。

(二) 死の危険にある幼児の洗礼式（緊急洗礼）

15　死の危険にある幼児にはだれでも洗礼を授けることができる（入信の秘跡の緒言18参照）。この緊急洗礼式には次の二つの様式がある。 21

(1)　時間が切迫している場合には、「○○○○（子どもの姓名）、わたしは父と子と聖霊のみ名によって、あなたに洗礼を授けます。」と言いながら幼児の頭に三度水を注ぐ。この水は祝福されていなくてもよい（57）。

(2)　死の危険にあるが、まだ十分な時間があると思われる場合には、共同体を代表する意味で、できるだけ何人かの信者に集まってもらう。洗礼を授ける人は簡単なすすめのことばを述べ、短い共同祈願を行い、親と代父母の信仰宣言の後、秘跡のことばを唱えながら水を注いで洗礼を授ける（58―63）。

16　司祭が緊急洗礼を行うときは、なるべく洗礼に続いて堅信の秘跡を授ける。この場合、洗礼後の塗油は省く（61）。 22

㈢ 選任された信徒による洗礼式

17 司祭と助祭が不在の地域では、司教によって選任された信徒が司会して幼児に洗礼を授けることができる。その場合には次の順序で行う。

幼児を迎える式（65―71）の後、ことばの典礼（72―76）を行い、続いて洗礼の儀（77―86）にはいる。洗礼直後に聖香油の塗油は行わない。閉祭（88―90）として主の祈りと祝福の祈りを唱えて式を終わる。

㈣ 緊急洗礼を受けた幼児を教会に迎える式

18 緊急洗礼を受けた幼児が健康を回復したとき、「幼児を教会に迎える式」を次の順序で行い、洗礼によって幼児が教会共同体に属するものとなったことを明らかにする。

何らかの理由で、共同体の参加なしに受洗した幼児を公に教会に迎えるときもこの式に準じる。

幼児を迎える式（92―97）を開祭とし、ことばの典礼（98―103）の後で洗礼の意義を示す

32　式（104―107）を行う。その後、感謝の典礼に続くか、ミサのない場合は閉祭（54）で終わる。

五　洗礼式についての適応

復活徹夜祭中の洗礼式

19　幼児洗礼を復活徹夜祭に行う場合には次のようにする（幼児洗礼の緒言9、成人のキリスト教入信式付録参照）。

(1)　復活徹夜祭の儀式の前に適当な日時と場所を選んで次の式を行っておく。

イ　幼児を迎える式（23―28）

ロ　ことばの典礼（30―36）（事情によって省くことができる）。

ハ　解放を求める祈り（37―38）

(2)　洗礼の儀は、復活徹夜祭の式次第に示されている通り水の祝福の後に行う。

(3)　司式者と共同体の信仰賛歌（43）は省く。

(4)　閉祭（54―56）は省く。

主日のミサ中に行われる洗礼式

20 主日のミサ中に洗礼を授ける場合には、主日のミサの式文を用いて次のように祭儀を行う。

(1) 幼児を迎える式を開祭としてミサの始めに行う（23―28）。そのため始めのあいさつと回心の祈りは省く。

(2) ことばの典礼において

イ 朗読は主日のミサのものを用いる。ただし朗読内容が適していない場合には、本儀式書に記載されている聖書の箇所から選ぶことができる（32）。

ロ 説教は、朗読箇所をもとにし、洗礼のことを考えて行う。

ハ 信仰宣言は省く。洗礼の前に共同体が行う信仰宣言がそれに代わるからである。

ニ 共同祈願は、本儀式書に記載してあるものの中から選んで行うことができる。全教会のため、また世界の必要のための意向を加える（35）。続いて聖人の取り次ぎを願い、結びの祈りとして「解放を求める祈り」を行い按手をする（36―38）。

(3) 洗礼の儀が行われる（39―48）。

(4) 洗礼の儀の後、感謝の典礼を平常通り奉納から続ける。

(5) 固有の叙唱を用いることもできる（52）。
(6) 受洗者のための取り次ぎの祈りを奉献文に加える（52）。
(7) 「主の祈り」の招きのことばは洗礼式のものを用いる（53）。
(8) ミサの終わりの祝福には、洗礼式の祝福の中から一つを選んで用いることができる（55）。

週日のミサ中に行われる洗礼式

21 週日のミサ中に洗礼式を行う場合は、主日のときと同じ式次第に従う。ことばの典礼には洗礼式のための聖書朗読の箇所の中から選ぶとよい（32）。 30

その他の適応

22 典礼の精神に従い、種々の状況、信者の必要や希望を考慮に入れて適応を行う。たとえば次のようなものがある。 31
(1) 幼児の母親が出産がもとで死亡した場合には、始めのあいさつ、共同祈願、および最後の祝福のときにその痛ましい事情を考慮に入れる。
(2) 両親の意志の表明には二つの形式があり、状況に応じて選ぶ。

(3) 白衣は各家族で準備することが望ましい(たとえばケープのようなもの)。そうでない場合は、教会で備えつけのものを用いる。

(4) 洗礼の時各自に渡されるろうそくは、記念のため家に持って帰るとよい。

第一章　幼児のための洗礼式

洗礼式と共同体

—洗礼式は、教会が主の過越の神秘を記念する主日に行うよう心がける。信者と親類、友人の積極的参加のもとに合同洗礼式を行うことが望ましい。

—洗礼のために、幼児を正式に教会に連れて来るのは親の務めであり、代父母がこれに伴う。

用意するもの

—ミサ中に行われるときはミサに必要な用具一式。

水、聖香油、聖書、聖歌集、白衣（できれば家庭で用意したもの。幼児洗礼の緒言22(3)）。

復活のろうそく、各自の持つろうそく。

—ミサのないときは、服装としてアルバとストラ（喜びをあらわす色）。カッパを用いることもできる。

一　開祭—幼児を迎える式—

23 司式者は奉仕者を伴って、親と代父母が幼児を連れて集まっているところ（普通は聖堂の入口）に行く。その間、できれば会衆は詩編か聖歌を歌う。

24 始めのあいさつ

司式者は集まった人々にあいさつして、神からのたまものとして子どもが与えられた喜びをあらわし、いのちの源である神が今、洗礼を通してご自分のいのちを子どもたちに与えようとされていることを、次のようなことばで述べる。

ミサ中に行われる場合

司　主《しゅ》イエス・キリストの恵《めぐ》み、神《かみ》の愛《あい》、聖霊《せいれい》の交《まじ》わりが皆《みな》さんとともに。

一同　また司祭《しさい》とともに。

司　皆《みな》さん、わたしたちは感謝《かんしゃ》の祭儀《さいぎ》を祝《いわ》うために集《あつ》まりました。きょうは○○○○の主日《しゅじつ》ですが、このミサの間《あいだ》に○○（姓）さん、○○（姓）さん……のお子《こ》さんの洗礼式《せんれいしき》が行《おこな》われます。この子《こ》（どもたち）は、教会《きょうかい》の信仰《しんこう》の中《なか》で洗礼《せんれい》を受《う》けるのです。わたしたちは喜《よろこ》んで迎《むか》え、信仰《しんこう》を新《あら》たにして祈《いの》りましょう。

ミサのない場合

司　主《しゅ》イエス・キリストの恵《めぐ》み、神《かみ》の愛《あい》、聖霊《せいれい》の交《まじ》わりが皆《みな》さんとともに。

一同　また司祭《しさい》とともに。

司　きょう、わたしたちは○○（姓）さん、○○（姓）さん……のお子《こ》さんの洗礼式《せんれいしき》のために集《あつ》まりました。この子《こ》（どもたち）は、教会《きょうかい》の信仰《しんこう》の中《なか》で洗礼《せんれい》を受《う》けるのです。わたしたちは喜《よろこ》んで迎《むか》え、信仰《しんこう》を新《あら》たにして祈《いの》りましょう。

意志の表明

25

次のいずれかの形式で司式者は親の意志を表明させる。受洗する幼児が多い場合は第二形式を用いるとよい。

第一形式

司　ご両親《りょうしん》は、子《こ》どものために望《のぞ》まれることを皆《みな》さんの前《まえ》で申《もう》し出《で》てください。

両親は順番に答える。

親　わたしたちは親《おや》として、○○（子どもの名前）が洗礼《せんれい》の恵《めぐ》みを受《う》けて教《きょう》会《かい》の信仰《しんこう》のうちに育《そだ》ち、信者《しんじゃ》の皆《みな》さ

第二形式

次の問いは親の一人ひとりに尋ねる。

司　○○（親の姓）さん、あなたは、このお子《こ》さんが洗礼《せんれい》を受《う》けることを望《のぞ》みますか。

親　はい、望《のぞ》みます。

司式者は親一同に向かって言う。

んとともに、主《しゅ》イエス・キリストのものとなることを願《ねが》っています。

司　皆《みな》さんは、この子《こ》どもたちが神《かみ》の子《こ》となることを望《のぞ》みますか。

親一同　はい、望《のぞ》みます。

26　司式者は次のように親に尋ねる。

司　子《こ》どもは親《おや》の愛《あい》と信仰《しんこう》に包《つつ》まれて、キリストの恵《めぐ》みのうちに育《そだ》って行《ゆ》きます。この子《こ》（どもたち）が神《かみ》と人《ひと》への愛《あい》のうちに成長《せいちょう》するよう、親《おや》としての責任《せきにん》を果《は》たす決《けつ》心《しん》を持《も》っていますか。

親　はい、持《も》っています。

次に代父母に向かい次のように言う。

司　代父《だいふ》（母《ぼ》）の方《かた》も ご両親《りょうしん》と力《ちから》を合《あ》わせ、子《こ》どもの信仰《しんこう》を育《そだ》てて行《い》ってください。

代父母　はい。

27　十字架のしるし

司式者は幼児一人ひとりに言う。

司　○○○○（子どもの姓名）、キリストを信《しん》じる者《もの》のつどいである教会《きょうかい》は、あなたを喜《よろこ》んで迎《むか》え入《い》れ、十字架《じゅうじか》の　しるしをします。

幼児の額に親指で軽く十字架のしるしをする。続いて幼児一同に向かって言う。

司　十字架《じゅうじか》は救《すく》い主《ぬし》イエス・キリストの　しるしです。これから　あなた（がた）はキリストに結《むす》ばれ、教会《きょうかい》の一員《いちいん》となるのです。

次に親、代父母に向かって言う。

司　ご両親《りょうしん》も代父《だいふ》（母《ぼ》）の方《かた》も、この子《こ》（どもたち）に十字架《じゅうじか》の　しるしをしてください。

親、代父母は幼児の額に十字架のしるしをする。

28 集会祈願

司 すべての人《ひと》の父《ちち》である神《かみ》よ、
あなたは御子《おんこ》イエス・キリストの十字架《じゅうじか》によって、
わたしたちを復活《ふっかつ》の いのちに導《みちび》いてくださいます。
今《いま》、十字架《じゅうじか》の しるしを受《う》けた子《こ》ども（たち）を守《まも》ってください。
信《しん》じる者《もの》の交《まじ》わりの中《なか》で、いつもあなたを父《ちち》と仰《あお》ぎ、力強《ちからづよ》く成長《せいちょう》しますように。
聖霊《せいれい》の交《まじ》わりの中《なか》で、あなたとともに世々《よよ》に生《い》き、支配《しはい》しておられる御子《おんこ》、
わたしたちの主《しゅ》イエス・キリストによって。

一同 アーメン。

29 司式者は、親、代父母および参加者に、ことばの典礼にあずかるように招く。
開祭が聖堂の入口で行われた場合、行列して祭壇の前に進む。この間、できれば会衆は詩編かふさわしい聖歌を歌う。一同が席につくと ことばの典礼を行う。

二　ことばの典礼

30 ことばの典礼は次の順序で行われる。

聖書朗読、説教、共同祈願と聖人の取り次ぎを求める祈り、解放を求める祈りと按手。

聖書の朗読と説教によって秘跡の意味が明らかにされ、共同祈願では秘跡の恵みを願う。

31 親と代父母が、よりよくことばの典礼に参加できるために、子どもは説教の終わりまで別の場所に連れて行ってもよい。

32 聖書朗読

司式者は次のようなことばで一同を招く。

司　わたしたちの信仰《しんこう》を強《つよ》めていただくため、神《かみ》のことばを聞《き》きましょう。

ミサ中に行われる場合

主日、祭日の場合、朗読は当日のミサのものから、あるいは左にあげる箇所から選んでもよい（幼児洗礼緒言20(2)イ)。朗読は二つでもよい。三つ行う場合は、第一は旧約からとる。週日の場合は洗礼にふさわしいものを選ぶ。

ミサのない場合

朗読は、左にあげるものから一つ、または二つを選ぶ。

朗読箇所

〔答唱詩編、アレルヤ唱および詠唱の本文は付録（141ページ）〕

旧約書

出エジプト17・3—7　岩を打ちなさい。岩から水が流れ出て、民はその水を飲む。

エゼキエル36・24—28　わたしは清い水を注ぐ。石の心を取り除き肉の心を与える。

エゼキエル47・1—9　12　神殿から水が流れ出て、大きな川となった。

答唱詩編

詩23・1—6（『典礼聖歌』123）

詩27・1　4—8　13—14（『典礼聖歌』73、90、119）

詩34・2—10（『典礼聖歌』128）

使徒書

ロマ 6・3－5 洗礼によってキリストの死の姿に結ばれたなら、その復活にも結ばれる。

ロマ 8・28－32 神は人々が、キリストの姿に似るものとなるよう定めておられた。

一コリント12・12－13 ひとつの霊によって沈められてひとつのからだとなり、ひとつの霊を受けた。

ガラテヤ 3・26－28 洗礼を受けてキリストにつく者とされた人は皆、キリストを身に着けた。

エフェソ 4・1－6 主はひとり、信仰はひとつ、洗礼はひとつ。すべてのものの父である神はひとり。

一ペトロ 2・4－5 9－10 選ばれた民族、王の祭司団、聖なる国民、神のものとなった民。

アレルヤ唱および詠唱

ヨハネ 3・16

ヨハネ 8・12b

ヨハネ 14・6

エフェソ 4・5－6

二テモテ 1・10

一ペトロ 2・9

福音

マタイ 22・35－40 心を尽くして神を愛し、隣人を自分のように愛しなさい。

マタイ 28・18－20 行ってすべての国の人々を弟子とし、父と子と聖霊の名に入れる洗礼を授けなさい。

マルコ1・9―11　イエスはヨルダン川でヨハネから洗礼をお受けになった。
マルコ10・13―16　子どもたちをわたしのところに来させなさい。止めてはならない。
マルコ12・28―34　第一のおきて。神を愛しなさい。次に隣人を自分のように愛しなさい。
ヨハネ3・1―6　水と霊によって生まれなければ神の国に入ることはできない。
ヨハネ4・5―14　わたしが与える水は、その人の中で泉となり、永遠のいのちに至る水が湧き出る。
ヨハネ6・44―47　信じる者は永遠のいのちを持つ。
ヨハネ7・37b―39a　わたしを信じる者は、生の深みから生ける水の川が流れ出る。
ヨハネ9・1―7　生まれながらの盲人が見えるようになった。
ヨハネ15・1―11　わたしはぶどうの木で、あなたがたはその枝である。
ヨハネ19・31―35　イエスのわきを突き刺すと、血と水が流れ出た。

説教

33 司式者は、朗読の内容に基づいた短い説教をして洗礼の秘跡をよりよく理解させ、親と代父母に、その責任をすすんで果たすようにすすめる。
説教の後、沈黙のうちにしばらく祈るとよい。

34 子どもが別の場所にいた場合には、ここで聖堂内に連れてくる。

共同祈願

35 自由に意向を述べるか、あるいは次にあげる意向の中からいくつかを選んでもよい。最後に、全教会のため、また世界の必要のための意向を加える。

司　皆《みな》さん、洗《せん》礼《れい》を受《う》けるこの子《こ》（どもたち）のため、またご両親《りょうしん》と家族《かぞく》のかたがた、代《だい》父《ふ》（母《ぼ》）、ここに集《あつ》まった　わたしたち教会《きょうかい》共同《きょうどう》体《たい》のために、主《しゅ》・キリストの　いつくしみを求《もと》めて祈《いの》りましょう。

先　洗《せん》礼《れい》の秘《ひ》跡《せき》によって新《あら》たに生《う》まれる　この子《こ》（どもたち）が、神《かみ》の祝《しゅく》福《ふく》のうちに成長《せいちょう》し、教会《きょうかい》の力強《ちからづよ》い一員《いちいん》となりますように。

先　十字架《じゅうじか》のしるしを額《ひたい》に受《う》けた　この子《こ》（どもたち）が、生涯《しょうがい》キリストに忠実《ちゅうじつ》に従《したが》うことができますように。

先　ご両親《りょうしん》、代《だい》父《ふ》（母《ぼ》）のかたがたが、生活《せいかつ》と教育《きょういく》を通《とお》して、この子《こ》（どもたち）の信《しん》仰《こう》の模《も》範《はん》となることができますように。

代父母　この子《こ》（どもたち）が、ご両親《りょうしん》にとっては喜《よろこ》びとなり、また教会《きょうかい》の誇《ほこ》りとなりますように。

両親　わたしたち親子《おやこ》が信仰《しんこう》の喜《よろこ》びに生《い》き、信《しん》じる　すべての人々《ひとびと》とともに、聖人《せいじん》の交《まじ》わりに　はいることができますように。

参加者　きょう洗礼式《せんれいしき》にあずかる　わたしたち一人《ひとり》ひとりが、自分《じぶん》の受《う》けた洗礼《せんれい》の恵《めぐ》みを思《おも》い起《お》こし、心《こころ》を新《あら》たにして信仰《しんこう》の恵《めぐ》みにこたえることができますように。

先　キリストを信《しん》じるすべての人《ひと》が一致《いっち》してキリストの精神《せいしん》に生《い》き、そのあかしびととなりますように。

36　司式者は次のようなことばで聖人の取り次ぎを求める祈りに招く。

司　神《かみ》の栄光《えいこう》のうちに生《い》きる聖人《せいじん》に祈《いの》りを願《ねが》いましょう。

先　神《かみ》の母聖《ははせい》マリア　一同　わたしたちのためにお祈《いの》りください。

先　聖《せい》ヨセフ　〃

先　洗礼者《せんれいしゃ》聖《せい》ヨハネ　〃

先　使徒《しと》聖《せい》ペトロとパウロ　〃

先　聖《せい》フランシスコ・ザビエル　〃

先　聖《せい》なる日本《にほん》の殉教者《じゅんきょうしゃ》　〃

先　○○○（ここに洗礼名の聖人の取り次ぎを加えてもよい）

先　神《かみ》のすべての聖人《せいじん》と聖女《せいじょ》　〃

37　続いて「解放を求める祈り」を唱える。

司　聖《せい》なる父《ちち》よ、あなたは悪霊《あくれい》の力《ちから》を取《と》り除《のぞ》き、
人《ひと》を闇《やみ》から光《ひかり》の国《くに》に導《みちび》くために御《おん》ひとり子《ご》を世《よ》におつかわしになりました。
この子《こ》（どもたち）が、原罪《げんざい》の　きずなを解《と》かれ、
聖霊《せいれい》の　すまいとなることができますように。
わたしたちの主《しゅ》イエス・キリストによって。

一同　アーメン。

38 司式者は幼児一人ひとりに次のことばを言いながら頭に手を置く。幼児の数が多い時は全員の上に手を延べ、次の祈りを一度唱える。

司　救《すく》い主《ぬし》イエス・キリストの力《ちから》によって、あなた（がた）が強《つよ》められますように。

親
代父母　アーメン。

三　洗礼の儀

39 洗礼は、洗礼所や祭壇の前など会衆がよく参加できる場所で行う（入信の秘跡の緒言23、24）。

40 **水の祝福**

洗礼のための水は、そのつど祝福して神の救いのわざを想起し、聖霊の働きを祈る（入信の秘跡の緒言20、21）。

祝福の祈りは、次にあげる形式のいずれを用いてもよい。しかし復活節中で、復活徹夜祭に祝福された水があるときは第二または第三形式を用い、結びの祈りには指示されたものを使う。

第一形式

司祭は次のようなことばで祈りに招く。

司　皆《みな》さん、全能《ぜんのう》の神《かみ》が、水《みず》と聖霊《せいれい》によって新《あたら》しい　いのちを　この子《こ》（どもたち）に与《あた》えてくださるよう祈《いの》りましょう。

次の祝福の祈りを唱える。

司　秘跡《ひせき》のしるしを通《とお》して救《すく》いの恵《めぐ》みを与《あた》えてくださる全能《ぜんのう》の神《かみ》よ、
あなたは旧約《きゅうやく》の歴史《れきし》の中《なか》で、水《みず》によって洗礼《せんれい》の恵《めぐ》みを表《あらわ》してくださいました。
天地《てんち》の初《はじ》めに、あなたの霊《れい》は水《みず》のおもてをおおい、人《ひと》を聖《せい》とする力《ちから》を水《みず》にお与《あた》えになりました。
ノアの洪水《こうずい》の時《とき》、水《みず》をあふれさせて、罪《つみ》の終《お》わりと新《あたら》しい　いのちの始《はじ》まりである
洗礼《せんれい》の　かたどりとしてくださいました。
アブラハムの子孫《しそん》がエジプト脱出《だつしゅつ》の時《とき》、海《うみ》の中《なか》に乾《かわ》いた道《みち》を備《そな》えて約束《やくそく》の地《ち》に渡《わた》ら
せ、ファラオの奴隷《どれい》から解放《かいほう》して、この民《たみ》を洗礼《せんれい》を受《う》ける人々《ひとびと》のしるしとしてくだ
さいました。
あなたのひとり子《ご》は、ヨルダン川《がわ》でヨハネから洗礼《せんれい》の水《みず》を注《そそ》がれて聖霊《せいれい》を受《う》け、
十字架《じゅうじか》の上《うえ》では、貫《つらぬ》かれた　わきから血《ち》と水《みず》を流《なが》し、
復活《ふっかつ》の後《のち》、弟子《でし》に仰《おお》せになりました。「すべての国《くに》に行《い》って人々《ひとびと》に教《おし》え、父《ちち》と子《こ》と
聖霊《せいれい》の　み名《な》によって、洗礼《せんれい》を授《さず》けなさい。」
恵《めぐ》み豊《ゆた》かな父《ちち》よ、
今《いま》あなたの教会《きょうかい》を顧《かえり》み、洗礼《せんれい》の泉《いずみ》をわき出《だ》させてください。
御《おん》ひとり子《ご》の恵《めぐ》みが、この水《みず》によって与《あた》えられるように聖霊《せいれい》を遣《つか》わしてください。

あなたの似姿《にすがた》として造《つく》られた人間《にんげん》が、
洗礼《せんれい》の秘跡《ひせき》において すべての罪《つみ》の汚《けが》れを清《きよ》められ、
水《みず》と聖霊《せいれい》によって、 神《かみ》の子《こ》として新《あら》たに生《う》まれることができますように。

ここで司祭は水に右手をつけて続ける。

全能《ぜんのう》の神《かみ》よ、御子《おんこ》キリストによって、聖霊《せいれい》の力《ちから》を この洗礼《せんれい》の泉《いずみ》に満《み》たしてください。
洗礼《せんれい》によって、すべての人《ひと》がキリストとともに葬《ほうむ》られ、
キリストと ともに新《あたら》しい いのちに生《い》きることができますように。
わたしたちの主《しゅ》イエス・キリストによって。

一同 アーメン。

悪霊の拒否と信仰宣言、41（*59* ページ）に続く。

第二形式

司祭は次のようなことばで祈りに招く。

司　皆《みな》さん、全能《ぜんのう》の神《かみ》が、水《みず》と聖霊《せいれい》によって新《あたら》しい　いのちを　この子《こ》（どもたち）に与《あた》えてくださるよう祈《いの》りましょう。

次の祝福の祈りを唱える。

司　いつくしみ深《ふか》い父《ちち》は、洗礼《せんれい》の泉《いずみ》によって、わたしたちの中《なか》に新《あたら》しい　いのちが　わき出《で》るように定《さだ》めてくださいました。

一同　神《かみ》よ、あなたに賛《さん》美《び》をささげます。

司　父《ちち》は、水《みず》と聖霊《せいれい》によって洗礼《せんれい》を受《う》ける人《ひと》を一《ひと》つの民《たみ》に集《あつ》め、ひとり子《ご》イエス・キリストに結《むす》んでくださいます。

一同　神《かみ》よ、あなたに賛《さん》美《び》をささげます。

司　父《ちち》は、愛《あい》の霊《れい》を　わたしたちの心《こころ》に注《そそ》いで、まことの自由《じゆう》と平和《へいわ》を与《あた》えてくださいます。

一同　神《かみ》よ、あなたに賛美《さんび》をささげます。

司　父《ちち》は、洗礼《せんれい》を受《う》けた人《ひと》に、御子《おんこ》キリストの福音《ふくいん》をのべ伝《つた》える使命《しめい》を与《あた》えられます。

一同　神《かみ》よ、あなたに賛美《さんび》をささげます。

結びの祈り

新しく水を祝福する場合

司　いのちの与《あた》え主《ぬし》である神《かみ》よ、この水《みず》を祝福《しゅくふく》✠してください。
あなたに呼《よ》ばれて、教会《きょうかい》の信仰《しんこう》の中《なか》で洗礼《せんれい》を受《う》ける子《こ》ども（たち）が、
永遠《えいえん》の　いのちに生《い》きる者《もの》となりますように。
わたしたちの主《しゅ》イエス・キリストによって。

一同　アーメン。

復活節中で、祝福された水がある場合

司　いのちの与《あた》え主《ぬし》である神《かみ》よ、
聖別《せいべつ》された　この水《みず》の神秘《しんぴ》によって新《あたら》しい　いのちに導《みちび》いてください。
あなたに呼《よ》ばれて、教会《きょうかい》の信仰《しんこう》の中《なか》で洗礼《せんれい》を受《う》ける子《こ》ども（たち）が、
永遠《えいえん》の　いのちに生《い》きる者《もの》となりますように。
わたしたちの主《しゅ》イエス・キリストによって。

一同　アーメン。

悪霊の拒否と信仰宣言、41（*59* ページ）に続く。
41（*59* ページ）に続く。

第三形式

司祭は次のようなことばで祈りに招く。

司

皆《みな》さん、全能《ぜんのう》の神《かみ》が、水《みず》と聖霊《せいれい》によって新《あたら》しい　いのちを　この子《こ》（どもたち）に与《あた》えてくださるよう祈《いの》りましょう。

次の祝福の祈りを唱える。

司

わたしたちの父《ちち》である神《かみ》よ、あなたの　もとに　つどう民《たみ》を顧《かえり》みてください。
あなたは水《みず》を造《つく》り、大地《だいち》をうるおして豊《ゆた》かに実《みの》らせ、
人《ひと》の　いのちを養《やしな》ってくださいました。
あなたは　また、水《みず》によって　いつくしみを示《しめ》してくださいました。
イスラエルの民《たみ》は海《うみ》を渡《わた》って解放《かいほう》され、砂《さ》ばくでは渇《かわ》きをいやされ、
預言者《よげんしゃ》は、新《あたら》しい契約《けいやく》を水《みず》の働《はたら》きによって教《おし》え、
さらにキリストは、ヨルダン川《がわ》で水《みず》を清《きよ》められました。
神《かみ》よ、あなたは水《みず》を洗礼《せんれい》の秘跡《ひせき》に用《もち》いて、死《し》に定《さだ》められた人間《にんげん》を新《あたら》しい　いのちに導《みちび》いてくださいます。

新しく水を祝福する場合

司　いのちの与《あた》え主《ぬし》である神《かみ》よ、この水《みず》を祝福《しゅくふく》✠してください。
あなたに呼《よ》ばれて、教会《きょうかい》の信仰《しんこう》の中《なか》で洗礼《せんれい》を受《う》ける子《こ》ども（たち）が、
永遠《えいえん》の　いのちに生《い》きる者《もの》となりますように。
わたしたちの主《しゅ》イエス・キリストによって。

一同　アーメン。

復活節中で、祝福された水がある場合

司　いのちの与《あた》え主《ぬし》である神《かみ》よ、
聖別《せいべつ》された　この水《みず》の神秘《しんぴ》によって新《あたら》しい　いのちに導《みちび》いてください。
あなたに呼《よ》ばれて、教会《きょうかい》の信仰《しんこう》の中《なか》で洗礼《せんれい》を受《う》ける子《こ》ども（たち）が、

永遠《えいえん》の　いのちに生《い》きる者《もの》となりますように。
わたしたちの主《しゅ》イエス・キリストによって。

一同　アーメン。

悪霊の拒否と信仰宣言

41　司式者は親と代父母に次のことばを言う。

司　ご両親《りょうしん》と代父《だいふ》（母《ぼ》）の皆《みな》さん、神《かみ》は洗礼《せんれい》の秘跡《ひせき》によって　この子《こ》ども（たち）に新《あたら》しいいのちを与《あた》えてくださいます。あなたがたは、そのいのちが成長《せいちょう》するよう教会《きょうかい》の信仰《しんこう》の中《なか》で子《こ》ども（たち）を育《そだ》てて行《ゆ》く決心《けっしん》をしておられます。あなたがた自身《じしん》が受《う》けた洗礼《せんれい》を思《おも》い起《お》こし、罪《つみ》を捨《す》てる決意《けつい》と、キリストに従《したが》う信《しん》仰《こう》を表明《ひょうめい》してください。

次の形式のいずれかを用いて尋ねる。

第一形式

司　あなたがたは、神《かみ》の子《こ》の自由《じゆう》に生《い》きるために罪《つみ》のわざを退《しりぞ》けますか。

親 代父母　退《しりぞ》けます。

司　罪《つみ》に支配《しはい》されることがないように悪《あく》を退《しりぞ》けますか。

親 代父母　退《しりぞ》けます。

司　神《かみ》に反《はん》する すべてのものを退《しりぞ》けますか。

親 代父母　退《しりぞ》けます。

第二形式

司　あなたがたは悪霊《あくれい》を捨《す》てますか。

親 代父母　捨《す》てます。

司　その すべての わざを捨《す》てますか。

親 代父母　捨《す》てます。

司　その すべての虚栄《きょえい》を捨《す》てますか。

親 代父母　捨《す》てます。

42　続いて信仰宣言を求める。

司　あなたがたは、天地《てんち》の創造主《そうぞうしゅ》、全能《ぜんのう》の、神《かみ》である父《ちち》を信《しん》じますか。

親・代父母　信《しん》じます。

司　父《ちち》のひとり子《ご》、おとめマリアから生《う》まれ、苦《くる》しみを受《う》けて葬《ほうむ》られ、死《し》者《しゃ》のうちから復《ふっ》活《かつ》して、父《ちち》の右《みぎ》におられる主《しゅ》イエス・キリストを信《しん》じますか。

親・代父母　信《しん》じます。

司　聖《せい》霊《れい》を信《しん》じ、聖《せい》なる普《ふ》遍《へん》の教《きょう》会《かい》、聖《せい》徒《と》の交《まじ》わり、罪《つみ》のゆるし、からだの復《ふっ》活《かつ》、永《えい》遠《えん》のいのちを信《しん》じますか。

親・代父母　信《しん》じます。

43　信仰賛歌

信仰宣言に答えて司式者と会衆は短い信仰賛歌を歌う。たとえば

典礼聖歌382「神は愛」（一ヨハネ4・16）
413「すべてのものの中に」（エフェソ4・6）
405「ひとつになろう」（ガラテヤ3・28）
389「キリストのように父を仰ぎ」（エフェソ5・1—2）

歌わない場合は次のことばを唱える。

司　これこそ　わたしたちの信仰《しんこう》
主《しゅ》イエス・キリストにおいて
誇《はこ》りをもって宣言《せんげん》する教会《きょうかい》の信仰《しんこう》。

一同　アーメン。

44　洗礼

司式者は最初の家族を洗礼盤に招き、親、代父母の意志を確かめ、続いて洗礼を授ける。
その間、母親（または父親）が幼児を抱いている。次の家族についても同じようにする。

司　今《いま》　表明《ひょうめい》した教会《きょうかい》の信仰《しんこう》の中で、〇〇〇〇（子どもの姓名）が洗《せん》礼《れい》を受《う》けることを
望《のぞ》みますか。

親
代父母　望《のぞ》みます。

司式者は次のことばを唱えながら幼児の頭に三度水を注ぐ。

司　○○○○（子どもの姓名）、わたしは
父《ちち》と（水を注ぐ）
子《こ》と（水を注ぐ）
聖霊《せいれい》（水を注ぐ）のみ名《な》によって、
あなたに洗礼《せんれい》を授《さず》けます。

受洗する幼児が多く、司祭や助祭が式に参加している場合は、幼児をグループに分けて上述の通りに洗礼を授けることができる。その間、適当な歌を歌ってもよい。

45 聖香油の塗油

司式者は次のことばを言う。

司　わたしたちの主《しゅ》イエス・キリストの父《ちち》、全能《ぜんのう》の神《かみ》は、あなた（がた）を罪《つみ》から解《かい》放《ほう》し、水《みず》と聖霊《せいれい》によって新《あたら》しい いのちを与《あた》えてくださいました。神《かみ》の民《たみ》に加《くわ》えられた あなた（がた）は、神《かみ》ご自身《じしん》から救《すく》いの香油《こうゆ》を注《そそ》がれて、大祭《だいさい》司《し》、預言者《よげんしゃ》、王《おう》であるキリストに結《むす》ばれ、その使命《しめい》に生《い》きるものとなります。

親代父母　アーメン。

続いて司式者は一人ひとりの頭に聖香油を塗る。

幼児の数が多いときは、他の司祭、助祭が手伝うことができる。

46 白衣の授与

幼児一人ひとりに次のことばを言いながら白衣を与える。

幼児の数が多いときは、各自に白衣を与えてから全員に向かって次のことばを言う。

司　あなた（がた）が新《あたら》しい人《ひと》となり、キリストを着《き》る者《もの》となった　しるしとして白衣《びゃくい》を受《う》けなさい。キリストの恵《めぐ》みに包《つつ》まれて、永遠《えいえん》に生《い》きる者《もの》となりますように。

親 代父母　アーメン。

47　ろうそくの授与

司式者は復活のろうそくを持ち、子どもたちに向かって言う。

司　キリストの光《ひかり》を受《う》けなさい。

親または代父母が、復活のろうそくから各幼児のろうそくに火をつける。

司　信仰《しんこう》の光《ひかり》を表《あらわ》す　この火《ひ》は、両親《りょうしん》と代父《だいふ》（母《ぼ》）の皆《みな》さんにゆだねられます。この子《こ》（どもたち）が信仰《しんこう》のうちに育《そだ》ち、キリストの光《ひかり》を世《よ》に輝《かがや》かすものとなりますように。

親 代父母　アーメン。

48　洗礼名の授与

次のように言って洗礼名を与える。

司　〇〇〇〇（洗礼名）、これが　あなたの洗《せん》礼《れい》名《めい》です。

49　洗礼が祭壇から離れた場所で行われた場合は行列して祭壇におもむく。受洗者のろうそくは火をともしたまま持って行く。その間に洗礼の歌を歌うことができる。洗礼式がミサ中に行われない場合は、閉祭、54（*87* ページ）に移る。

四　感謝の典礼

50　奉納

幼児の家族がパンとぶどう酒を奉納することがすすめられる。

パンを供える祈り

神よ、あなたは万物の造り主、
ここに供えるパンは　あなたからいただいたもの、
大地のめぐみ、労働の実り、
わたしたちの　いのちの　かてとなるものです。
…………

神よ、あなたは万物の造り主。

ぶどう酒の準備

この水《みず》と　ぶどう酒《しゅ》の神秘《しんぴ》によって　わたしたちが、
人《ひと》となられたかたの　神性《しんせい》にあずかることができますように。

カリスを供える祈り

神よ、あなたは万物の造り主、
ここに供える ぶどう酒は あなたからいただいたもの、
大地のめぐみ、労働の実り、
わたしたちの いのちの かてとなるものです。

神よ、あなたは万物の造り主。

奉納の祈り

神《かみ》よ、悔《く》い改《あらた》めるわたしたちを きょう みこころにかなう いけにえとして受《う》け入《い》れてください。

清め

神《かみ》よ、わたしの汚《けが》れを洗《あら》い、罪《つみ》から清《きよ》めてください。

祈りへの招き

皆《みな》さん、このささげものを全能《ぜんのう》の、神《かみ》である父《ちち》が受《う》け入《い》れてくださるように祈《いの》りましょう。

51　奉納祈願

救《すく》いの源《みなもと》である神《かみ》よ、
あなたは洗礼《せんれい》の秘跡《ひせき》によって人々《ひとびと》を　ご自分《じぶん》の民《たみ》に加《くわ》え、
御子《おんこ》の祭司職《さいししょく》にあずからせてくださいます。
キリストの奉献《ほうけん》に合《あ》わせて　すべてをささげる　わたしたちを受《う》け入《い》れてください。
わたしたちの主《しゅ》イエス・キリストによって。アーメン。

52 奉献文

𝄞 主は 皆《み》さんとともに。
また 司祭とともに。
心を こめて 神《か》を仰《あ》ぎ、
賛美と感《か》謝をささげましょう。

叙唱

𝄞 聖なる父 全能 永遠の神《み》、いつ どこでも 主・キリストによって
賛美と感謝を ささげることは、まことに とうとい たいせつな務め（です）。
御子キリストは、わたしたちの 罪を 身に負って 十字架に つけられました。
その死によって わたしたちの死は 滅《ろ》ぼされ、

その復活のうちに すべての いのちが 復活します。
キリストに 結ばれる者は 永遠の いのちに あずかる 光の子として 生まれ、
信じる者に 天の国の 門が 開かれました。
天地万物は 主の復活の 喜びに 満たされ、
あなたをたたえる すべての 天使 聖人とともに、
わたしたちも 感謝の賛歌を ささげます。

感謝の賛歌

聖《せい》なるかな、聖《せい》なるかな、聖《せい》なるかな、万軍《ばんぐん》の神《かみ》なる主《しゅ》。
主《しゅ》の栄光《えいこう》は天地《てんち》に満《み》つ。天《てん》のいと高《たか》きところにホザンナ。
ほむべきかな、主《しゅ》の名《な》によりて来《き》たる者《もの》。
天《てん》の いと高《たか》きところにホザンナ。

第二奉献文

まことに　とうとく　すべての聖性《せいせい》の
源《みなもと》である父《ちち》よ、

いま　聖霊によって　この供えものを
とうといものにしてください。
わたしたちのために　主イエス・キ
リストの　御からだと ✣ 御血に
なりますように。

第三奉献文

まことに聖《せい》なる父《ちち》よ、
造《つく》られたものは　すべて、　あなたを
ほめたたえています。
御子《おんこ》　わたしたちの主《しゅ》イエス・キリ
ストを通《とお》して、　聖霊《せいれい》の力強《ちからづよ》い働《はたら》きに
より、　すべてに　いのちを与《あた》え、
とうといものにし、
絶《た》えず人々《ひとびと》を　あなたの民《たみ》として
お集《あつ》めになるからです。
日《ひ》の出《で》る所《ところ》から日《ひ》の沈《しず》む所《ところ》まで、
あなたに清《きよ》い　ささげものが

供《そな》えられるために。

𝄞 あなたに ささげる この供えもの
を 聖霊によって とうといものに
してください。
御子 わたしたちの主 イエス・キ
リストの 御からだと ✣ 御血に
なりますように。
主の ことばに従って
いま わたしたちは
この神秘を祝《い》います。

主イエスは すすんで受難に向か
う前に、パンを取り、感謝を ささげ
割って 弟子に与えて仰せになりまし
た。
「皆《み》、これを 取って食べなさい。
これは あなたがたのために渡される
わたしの からだ(である)」。

食事の終わりに
同じように杯《さ》を取り、感謝を ささげ
弟子に与えて仰せになりました。
「皆《み》、これを受けて飲みなさい。
これは わたしの血の杯、

主イエスは 渡される夜、
パンをとり、あなたに 感謝を
ささげて 祝福し、割って 弟子に
与えて仰せになりました。
「皆《み》、これを取って食べなさい。
これは あなたがたのために渡される
わたしの からだ(である)」。

食事の終わりに
同じように杯《さ》を取り、あなたに
感謝を ささげて 祝福し、
弟子に与えて仰せになりました。
「皆《み》、これを受けて飲みなさい。

あなたがたと多くの人のために
流されて 罪のゆるしとなる
新しい 永遠の契《け》約の血(である)。
これを わたしの記念として
行《こな》いなさい。」

信仰の神秘。
主の死を思い、復活をたたえよう、
主が来られるまで。

これは わたしの血の杯、
あなたがたと多くの人のために
流されて 罪のゆるしとなる
新しい 永遠の契《け》約の血(である)。
これを わたしの記念として
行《こな》いなさい。」

信仰の神秘。
主の死を思い、復活をたたえよう、
主が来られるまで。

𝄞

わたしたちは いま、主イエスの
死と復活の記念を行い、
ここであなたに奉仕できることを
感謝し、いのちのパンと救《く》いの杯を
ささげます。

𝄞

キリストの 御からだと御血に
ともにあずかる わたしたちが
聖《せ》霊によって一つに結ばれます
ように。

世界《せかい》に広《ひろ》がる あなたの教会《きょうかい》を
思《おも》い起《お》こし、

𝄞

わたしたちは いま
御子 キリストの 救いをもたらす
受難・復活・昇天を記念し、
その再臨《い》を待ち望み、
いのちに満ちた この とうとい
いけにえを 感謝して ささげます。

𝄞

あなたの教会の ささげものを顧み
み旨にかなう まことの いけにえと
して認め受け入れてください。
御子 キリストの御からだと御血に
よって わたしたちが養われ
その聖霊《い》に満たされて、

わたしたちの教父《きょうふ》〇〇〇〇世《せい》、
わたしたちの司教《しきょう》〇〇〇〇、
すべての教役者《きょうえきしゃ》をはじめ、
全教会《ぜんきょうかい》を愛《あい》の完成《かんせい》に導《みちび》いてください。

きょう、洗礼《せんれい》によって あなたの家族《かぞく》
に加《くわ》えられた子《こ》ども（たち）を顧《かえり》み、
光《ひかり》の子《こ》として、信仰《しんこう》のうちに育《そだ》つ
恵《めぐ》みをお与《あた》えください。

キリストのうちにあって
一つのからだ 一つの心と
なりますように。

聖霊《せいれい》によって わたしたちが
あなたにささげられた
永遠《えいえん》の供《そな》えものとなり、
選《えら》ばれた人々《ひとびと》、神《かみ》の母《はは》おとめマリア
と聖《せい》ヨセフ、使徒《しと》と殉教者《じゅんきょうしゃ》（その日の
聖人または保護の聖人の名）、すべての
聖人《せいじん》とともに神《かみ》の国《くに》を継《つ》ぎ、
その取《と》り次《つ》ぎによって
絶《た》えず助《たす》けられますように。

また、復活《ふっかつ》の希望《きぼう》をもって眠《ねむ》りに
ついた わたしたちの兄弟《きょうだい》と
すべての死者《ししゃ》を心《こころ》に留《と》め、
あなたの光《ひかり》の中《なか》に
受《う》け入《い》れてください。
なお、わたしたちを あわれみ、
神《かみ》の母《はは》おとめマリアと聖《せい》ヨセフ、
使徒《しと》とすべての時代《じだい》の聖人《せいじん》とともに
永遠《えいえん》のいのちに
あずからせてください。
御子《おんこ》イエス・キリストを通《とお》して
あなたをほめたたえることが

わたしたちの罪《つみ》のゆるしとなる
このいけにえが、全世界《ぜんせかい》の平和《へいわ》と
救《すく》いのためになりますように。
地上《ちじょう》を旅《たび》する あなたの教会《きょうかい》、
わたしたちの教父《きょうふ》○○○○世《せい》、
わたしたちの司教《しきょう》○○○○、
司教団《しきょうだん》と すべての教役者《きょうえきしゃ》、
あなたの民《たみ》となった すべての人《ひと》の
信仰《しんこう》と愛《あい》を強《つよ》めてください。
あなたが ここに お集《あつ》めになった
この家族《かぞく》の願《ねが》いを
聞《き》き入《い》れてください。

できますように。

キリストによって
キリストとともにキリストのうちに、
聖《い》霊の交わりの中で
全能の神―父である　あなたに、
すべての誉れと栄《え》光は、
世々に至るまで
アーメン。

きょう洗《せん》礼《れい》によって新《あら》たに生《う》まれ、
あなたの家《か》族《ぞく》に加《くわ》えられた子《こ》ども
（たち）が恵《めぐ》みに支《ささ》えられて、
力強《ちからづよ》く信《しん》仰《こう》の道《みち》を歩《あゆ》む者《もの》と
なりますように。

いつくしみ深《ふか》い父《ちち》よ、あなたの子《こ》が
どこにいても、すべて　あなたのもと
に呼《よ》び寄《よ》せてください。

亡《な》くなった　わたしたちの兄《きょう》弟《だい》、
また、み旨《むね》に従《したが》って生《せい》活《かつ》し、いまは
この世《よ》を去《さ》った　すべての人《ひと》を
あなたの国《くに》に受《う》け入《い》れてください。

わたしたちも　いつか　その国《くに》で、
いつまでも　ともに
あなたの栄光《えいこう》にあずかり、
喜《よろこ》びに満《み》たされますように。
　主《しゅ》・キリストを通《とお》して　あなたは、
すべてのよいものを世《よ》に
お与《あた》えになります。

　キリストによって
キリストとともにキリストのうちに、
聖霊の交わりの中で
全能の神　父である　あなたに、
すべての誉れと栄光は
世々に至るまで
アーメン。

53　交わりの儀

主の祈り

皆《みな》さん、この子《こ》（どもたち）は洗礼《せんれい》によって新《あたら》しい　いのちに生《う》まれ、神《かみ》の子《こ》どもとなりました。やがて堅信《けんしん》の秘跡《ひせき》を受《う》けて、聖霊《せいれい》の　たまものを受《う》けます。また、この祭壇《さいだん》で主《しゅ》の晩《ばん》さんにあずかり、神《かみ》の民《たみ》のつどいの中《なか》で、神《かみ》を父《ちち》と呼《よ》ぶ日《ひ》がきます。きょうは、この子《こ》（どもたち）にかわって　わたしたちが、主《しゅ》の教《おし》えてくださった祈《いの》りを唱《とな》えましょう。

天におられる　わたしたちの父よ、
み名が聖《せ》とされますように。
み国が来ますように。
みこころが天《て》に行《お》われるとおり地にも行《お》われますように。

わたしたちの日ごとの糧を今日もお与えください。
わたしたちの罪をおゆるしください。わたしたちも人《と》をゆるします。
わたしたちを誘惑におちいらせず、
悪からお救いください。

副文

いつくしみ深い父よ、すべての悪から　わたしたちを救い
現代に平和を　お与えください。
あなたの　あわれみに　ささえられ　罪から解放されて
すべての困難に　うち勝つことができますように。
わたしたちの希望　救い主イエス・キリストが来られるのを
待ち望んでいます。

国と力と栄光は　限りなく　あなたのもの。

教会の平和を願う祈り

主「イエス・キリスト、あなたは使徒に仰せになりました。

「わたしは平和をあなたがたに残し、わたしの平和をあなたがたに与える。」

わたしたちの罪ではなく、教会の信仰を顧み、
おことばのとおり教会に平和と一致を　お与えください。

アーメン。

平和のあいさつ

主の平和が　いつも　皆さんとともに。
また　司祭とともに。
互《たが》いに平和《へいわ》のあいさつをかわしましょう。

ホスチアの分割

今《いま》ここに一《ひと》つとなる主《しゅ》イエス・キリストのからだと血《ち》によって、
わたしたちが永遠《えいえん》の　いのちに導《みちび》かれますように。

平和の賛歌

神《かみ》の小羊《こひつじ》、世《よ》の罪《つみ》を除《のぞ》きたもう主《しゅ》よ、　われらをあわれみたまえ。
神《かみ》の小羊《こひつじ》、世《よ》の罪《つみ》を除《のぞ》きたもう主《しゅ》よ、　われらをあわれみたまえ。
神《かみ》の小羊《こひつじ》、世《よ》の罪《つみ》を除《のぞ》きたもう主《しゅ》よ、　われらに平安《へいあん》を与《あた》えたまえ。

拝領前の祈り

神《かみ》の子《こ》、主《しゅ》イエス・キリスト、
あなたは父《ちち》の　みこころに従《したが》い、　聖霊《せいれい》に支《ささ》えられ、
死《し》を通《とお》して世《よ》に　いのちをお与《あた》えになりました。

この神聖《しんせい》な　からだと血《ち》によってすべての罪《つみ》と悪《あく》から解放《かいほう》され、
あなたのことばをいつも守《まも》り、
あなたから離《はな》れることのないようにしてください。

または

主《しゅ》イエス・キリスト、
あなたのからだと血《ち》をいただくことによって　さばきを受《う》けることなく、
かえって　あなたのいつくしみにより、　心《こころ》もからだも強《つよ》められますように。

拝領前の信仰告白

神《かみ》の小羊《こひつじ》の食卓《しょくたく》に招《まね》かれた者《もの》は幸《さいわ》い。
主《しゅ》よ、　あなたは神《かみ》の子《こ》キリスト、　永遠《えいえん》の　いのちのかて、
あなたをおいて　だれのところに行《ゆ》きましょう。

拝領

キリストのからだが永遠《えいえん》のいのちのかてになりますように。
キリストの血《ち》が永遠《えいえん》のいのちのかてになりますように。

拝領の歌

聖体拝領の間に適当な歌を歌う。それが困難な場合、次の拝領唱を唱える。

わたしたちが神《かみ》の子《こ》どもと呼《よ》ばれるために、
父《ちち》は　どんなにすばらしい愛《あい》を与《あた》えてくださったことでしょう（一ヨハネ3・1）。

すすぎ

口《くち》に受《う》けたものを心《こころ》で悟《さと》ることができますように。
見《み》えるたまものが、永遠《えいえん》のいのちのかてになりますように。

拝領祈願

いのちの源《みなもと》である神《かみ》よ、
主《しゅ》・キリストの　からだと血《ち》に養《やしな》われた　わたしたちが、
聖霊《せいれい》の交《まじ》わりと隣人愛《りんじんあい》の中《なか》で成長《せいちょう》し、
キリストの　からだの完成《かんせい》に達《たつ》することができますように。
わたしたちの主《しゅ》イエス・キリストによって。アーメン。

五　閉　祭

54 ミサ中に行われた場合

祝福、55（89ページ）に移る。

ミサのない場合

主の祈り

司式者は祭壇の前に立って、親、代父母、および参加者に向かい、次のようなことばで祈りに招く。

司
皆《みな》さん、この子《こ》（どもたち）は洗礼《せんれい》によって新《あたら》しいいのちに生《う》まれ、神《かみ》の子《こ》どもとなりました。やがて堅信《けんしん》の秘跡《ひせき》を受《う》けて聖霊《せいれい》のたまものを受《う》けます。またこの祭壇《さいだん》で主《しゅ》の晩《ばん》さんにあずかり、神《かみ》の民《たみ》のつどいの中《なか》で神《かみ》を父《ちち》と呼《よ》ぶ日《ひ》がきます。
きょうは、この子《こ》（どもたち）にかわって わたしたちが、主《しゅ》の教《おし》えてくださった祈《いの》りを唱《とな》えましょう。

一同
天におられるわたしたちの父よ……

55　祝福

司式者は、幼児、親、参加者を祝福する。

第一形式

まず幼児を祝福する。

司　御《おん》ひとり子《ご》を与《あた》えるほど　わたしたちを愛《あい》された、全能《ぜんのう》の、神《かみ》である父《ちち》が、きょう洗礼《せんれい》を受《う》けた　この子《こ》（どもたち）を祝福《しゅくふく》し、キリストの姿《すがた》に似《に》る者《もの》としてくださいますように。

一同　アーメン。

次に親を祝福して言う。

司　いのちの源《みなもと》である全能《ぜんのう》の神《かみ》が、この子《こ》（どもたち）の両親《りょうしん》を祝福《しゅくふく》し、家庭《かてい》を平和《へいわ》と一致《いっち》で満《み》たし、永遠《えいえん》の喜《よろこ》びに導《みちび》いてくださいますように。

一同　アーメン。

最後に、参加者全員を祝福して言う。

司　信《しん》じる人《ひと》に新《あたら》しい　いのちを与《あた》えられた全能《ぜんのう》の神《かみ》が、ここに集《あつ》まった一人《ひとり》ひとりを祝福《しゅくふく》し、信仰《しんこう》のあかしびととしてくださいますように。

一同　アーメン。

司　全能《ぜんのう》の神《かみ》、父《ちち》と子《こ》と聖霊《せいれい》の祝福《しゅくふく》が ✣ 皆《みな》さんの上《うえ》にありますように。

一同　アーメン。

第二形式

司　全能《ぜんのう》の神《かみ》である、父《ちち》と子《こ》と聖霊《せいれい》の恵《めぐ》みのうちに行《ゆ》きなさい。
神《かみ》が皆《みな》さんの日々《ひび》を守《まも》ってくださいますように。
また、わたしたちが信仰《しんこう》の光《ひかり》に従《したが》って歩《あゆ》み、ともに約束《やくそく》された国《くに》に　はいることができますように。

全能《ぜんのう》の神《かみ》、父《ちち》と子《こ》と聖霊《せいれい》の祝福《しゅくふく》が ✣ 皆《みな》さんの上《うえ》にありますように。

一同　アーメン。

56　祝福の後、復活の喜びと感謝をあらわす歌、あるいは聖母の賛歌を全員で歌うとよい。

第二章　死の危険にある幼児の洗礼式（緊急洗礼）

一　死がさし迫っている場合（In articulo mortis）

用意するもの——水（祝福されていなくてもよい）。

司牧的配慮——司祭、助祭が不在のときは信徒が、また教会の意向に同意する人であれば、信者でなくとも洗礼を授けることができ、場合によっては授ける義務がある（入信の秘跡の緒言18(1)）。できれば一人か二人の証人が　いることが望ましい。

緊急洗礼を受けた幼児が健康を回復したときには「幼児を教会に迎える式」を行う（第四章参照）。

57　他の式は省いて、次のことばを唱えながら幼児の頭に三度水を注ぐ。

司　〇〇〇〇（子どもの姓名）、わたしは
父《ちち》と（水を注ぐ）
子《こ》と（水を注ぐ）
聖霊《せいれい》（水を注ぐ）の　み名《な》によって、
あなたに洗礼《せんれい》を授《さず》けます。

二　死の危険にある場合（In periculo mortis）

用意するもの——水（祝福されていなくてもよい）、十字架、ろうそく。
司祭が授ける場合は聖香油、ストラ。

司牧的配慮——司祭、助祭が不在のときには信徒が授けることができる。

幼児が教会の信仰の中で受洗することを考慮し、共同体を代表するために何人かの信者が集まるよう配慮する（入信の秘跡の緒言18⑵、幼児洗礼の緒言15⑵）。

信者の一人が代父母の役割を果たす。

緊急洗礼を受けた幼児が健康を回復したときには「幼児を教会に迎える式」を行う（第四章参照）。

58 親、代父母、またできれば親族、友人など何人かの信者が集まると、司式者は短い共同祈願を始める。意向は状況に応じて自由に作ることができるが、次にあげる意向の中から選んでもよい。

司 死《し》の危険《きけん》のうちにあって洗礼《せんれい》の恵《めぐ》みを受《う》ける この子《こ》のため、心痛《しんつう》のうちにあるご両《りょう》親《しん》とご家族《かぞく》のため、代父母《だいふぼ》をはじめ、わたしたち教会《きょうかい》のすべての人《ひと》のために、神《かみ》のいつくしみを求《もと》めて祈《いの》りましょう。

先 洗礼《せんれい》によって、この子《こ》（〇〇〇〇）が主《しゅ》・キリストと結《むす》ばれ、神《かみ》の子《こ》としての新《あたら》しいいのちに生《い》きることができますように。

先 洗礼《せんれい》を受《う》ける この子《こ》が生命《せいめい》の危険《きけん》からまぬかれ、健康《けんこう》をとりもどすことができますように。

先 この子《こ》に与《あた》えられる洗礼《せんれい》の恵《めぐ》みによって、ご両親《りょうしん》やご家族《かぞく》が心痛《しんつう》のうちにあっても神《かみ》への信頼《しんらい》と希望《きぼう》を強《つよ》めることができますように。

先　この子《こ》の洗礼《せんれい》のために集《あつ》まった　わたしたちが、神《かみ》の　はからいの深《ふか》さを信《しん》じ、この子《こ》の将来《しょうらい》を信頼《しんらい》をもって　み手《て》にゆだねることができますように。

先　キリストに従《したが》い、洗礼《せんれい》によって一《ひと》つのからだとして結《むす》ばれた　わたしたちが、信仰《しんこう》と愛《あい》のうちに強《つよ》められますように。

次の祈りで共同祈願を結ぶ。

司　いのちの造《つく》り主《ぬし》、愛《あい》の泉《いずみ》である神《かみ》よ、
あなたは一人《ひとり》の小《ちい》さい生命《せいめい》をも　いとおしみ、洗礼《せんれい》による新《あたら》しい誕生《たんじょう》のうちに、あなたの愛《あい》の計画《けいかく》を表《あらわ》してくださいます。
両親《りょうしん》の心痛《しんつう》と　この子《こ》の危険《きけん》を顧《かえり》み、　わたしたちの祈《いの》りに耳《みみ》を傾《かたむ》けてください。
水《みず》と聖霊《せいれい》によって、この子《こ》が悪《あく》の力《ちから》から解放《かいほう》され、御子《おんこ》キリストの復活《ふっかつ》の神秘《しんぴ》に　あずかり、永遠《えいえん》の　いのちに生《い》きる者《もの》となりますように。
わたしたちの主《しゅ》イエス・キリストによって。

一同　アーメン。

59　信仰宣言

司式者は次のようなことばですすめる。

司　今《いま》、この子《こ》は教会《きょうかい》の信仰《しんこう》の中《なか》で洗礼《せんれい》を受《う》けます。わたしたちが受《う》けた洗礼《せんれい》を思《おも》い起《お》こしながら、この信仰《しんこう》を表明《ひょうめい》しましょう。

信仰宣言をともに行う。

一同　天地《てんち》の創造主《そうぞうしゅ》、全能《ぜんのう》の父《ちち》である神《かみ》を信《しん》じます。父《ちち》のひとり子《ご》、わたしたちの主《しゅ》イエス・キリストを信《しん》じます。主《しゅ》は聖霊《せいれい》によってやどり、おとめマリアから生《う》まれ、ポンティオ・ピラトのもとで苦《くる》しみを受《う》け、十字架《じゅうじか》につけられて死《し》に、葬《ほうむ》られ、陰府《よみ》に下《くだ》り、三日目《みっかめ》に死者《ししゃ》のうちから復活《ふっかつ》し、天《てん》に昇《のぼ》って、全能《ぜんのう》の父《ちち》である神《かみ》の右《みぎ》の座《ざ》に着《つ》き、生者《せいしゃ》と死者《ししゃ》を裁《さば》くために来《こ》られます。

聖霊《せいれい》を信《しん》じ、聖《せい》なる普遍《ふへん》の教会《きょうかい》、聖徒《せいと》の交《まじ》わり、罪《つみ》のゆるし、からだの復活《ふっかつ》、永遠《えいえん》
のいのちを信《しん》じます。

60　司式者は次のことばを唱えながら幼児の頭に三度水を注ぐ。

司　○○○○（子どもの姓名）わたしは
父《ちち》と（水を注ぐ）
子《こ》と（水を注ぐ）
聖霊《せいれい》（水を注ぐ）のみ名《な》によって、
あなたに洗礼《せんれい》を授《さず》けます。

61　堅信

司式者が司祭の場合はできるだけ堅信の秘跡を授ける（入信の秘跡の緒言18(3)、幼児洗礼の緒言16）。

按手

司祭は幼児に按手し、次の祈りを唱える。

司　全能《ぜんのう》の神《かみ》、主《しゅ》イエス・キリストの父《ちち》よ、
あなたは水《みず》と聖霊《せいれい》によって この子《こ》に新《あたら》しい いのちを与《あた》え、
罪《つみ》から解放《かいほう》してくださいました。
今《いま》、この子《こ》の上《うえ》に助《たす》け主《ぬし》である聖霊《せいれい》を送《おく》り、
知恵《ちえ》と理解《りかい》、判断《はんだん》と勇気《ゆうき》、神《かみ》を知《し》る恵《めぐ》み、
神《かみ》を愛《あい》し、敬《うやま》う心《こころ》をお与《あた》えください。
　わたしたちの主《しゅ》イエス・キリストによって。

一同　アーメン。

塗油

司祭は幼児に按手しながら、聖香油にひたした右の親指で幼児の額に十字架のしるしをして言う。

司　〇〇〇〇（子どもの姓名）、父《ちち》の　たまものである聖霊《せいれい》の　しるしを受《う》けなさい。

一同　アーメン。

62　洗礼名と白衣の授与

洗礼名と白衣の授与を行うことができる。

司　〇〇〇〇（洗礼名）、これが　あなたの洗礼名《せんれいめい》です。あなたが新《あたら》しい人《ひと》となり、キリストを着《き》る者《もの》となった　しるしとして白衣《びゃくい》を受《う》けなさい。キリストの恵《めぐ》みに包《つつ》まれて、永遠《えいえん》に生《い》きる者《もの》となりますように。

一同　アーメン。

63　主の祈り

司式者は次のようなことばで一同を祈りに招く。

司　神《かみ》は、わたしたちの理解《りかい》をはるかに越《こ》えた知恵《ちえ》によって、この子《こ》の しあわせを望《のぞ》んでおられます。信頼《しんらい》をもって主《しゅ》の祈《いの》りを唱《とな》え、すべてを神《かみ》の み手《て》にゆだねましょう。

一同は司式者とともに主の祈りを唱える。

一同　天《てん》におられるわたしたちの父《ちち》よ……

司　全能《ぜんのう》の神《かみ》が わたしたちを祝福《しゅくふく》し、すべての悪《あく》から守《まも》り、永遠《えいえん》のいのちに導《みちび》いてくださいますように。

一同　アーメン。

第三章　選任された信徒による洗礼式

64　この式は、司祭と助祭が不在の地域で、宣教などの任務のために司教から正式に選任された信徒が、幼児に洗礼を授ける場合のためのものである（入信の秘跡の緒言13）。

用意するもの

—水、聖書、聖歌集、白衣（できれば家庭で用意したもの。幼児洗礼の緒言22(3)）。復活のろうそく、各自の持つろうそく。

—服装は式にふさわしいもの。

一　開祭―幼児を迎える式―

65　司会者は奉仕者を伴って、親、代父母が幼児を連れて集まっているところ（普通は聖堂の入口）に行く。その間、できれば会衆は詩編か聖歌を歌う。

66　始めのあいさつ

司会者は集まった人々にあいさつして、神からのたまものとして子どもが与えられた喜びをあらわし、いのちの源である神が今、洗礼を通してご自分のいのちを子どもたちに与えようとされていることを、次のようなことばで述べる。

司　きょう、わたしたちは○○（姓）さん、○○（姓）さん……のお子《こ》さんの洗《せん》礼《れい》式《しき》のために集《あつ》まりました。この子《こ》（どもたち）は、教会《きょうかい》の信仰《しんこう》の中《なか》で洗礼《せんれい》を受《う》けるのです。わたしたちは喜《よろこ》んで迎《むか》え、信仰《しんこう》を新《あら》たにして祈《いの》りましょう。

67 意志の表明

次のいずれかの形式で司会者は親の意志を表明させる。受洗する幼児が多い場合は第二形式を用いるとよい。

第一形式

司　ご両親《りょうしん》は、子《こ》どものために望《のぞ》まれることを皆《みな》さんの前《まえ》で申《もう》し出《で》てください。

両親は順番に答える。

親　わたしたちは親《おや》として、○○（子どもの名前）が洗礼《せんれい》の恵《めぐ》みを受《う》けて教会《きょうかい》の信仰《しんこう》のうちに育《そだ》ち、信者《しんじゃ》の皆《みな》さん

第二形式

次の問いは親の一人ひとりに尋ねる。

司　○○（親の姓）さん、あなたは、このお子《こ》さんが洗礼《せんれい》を受《う》けることを望《のぞ》みますか。

親　はい、望《のぞ》みます。

司会者は親一同に向かって言う。

ともに、主《しゅ》イエス・キリストのものとなることを願《ねが》っています。

司　皆《みな》さんは、この子《こ》どもたちが神《かみ》の子《こ》となることを望《のぞ》みますか。

親一同　はい、望《のぞ》みます。

68　司会者は次のように親に尋ねる。

司　子《こ》どもは親《おや》の愛《あい》と信仰《しんこう》に包《つつ》まれて、キリストの恵《めぐ》みのうちに育《そだ》って行《ゆ》きます。この子《こ》（どもたち）が神《かみ》と人《ひと》への愛《あい》のうちに成長《せいちょう》するよう、親《おや》としての責任《せきにん》を果《は》たす決《けっ》心《しん》を持《も》っていますか。

親　はい、持《も》っています。

次に代父母に向かい次のように言う。

司　代父《だいふ》（母《ぼ》）の方《かた》も　ご両親《りょうしん》と力《ちから》を合《あ》わせ、子《こ》どもの信仰《しんこう》を育《そだ》てて行《い》ってください。

代父母　はい。

69　十字架のしるし

司会者は幼児一人ひとりに言う。

司　○○○○（子どもの姓名）、キリストを信《しん》じる者《もの》のつどいである教会《きょうかい》は、あなたを喜《よろこ》んで迎《むか》え入《い》れ、十字架《じゅうじか》のしるしをします。

幼児の額に親指で軽く十字架のしるしをする。続いて幼児一同に向かって言う。

司　十字架《じゅうじか》は救《すく》い主《ぬし》イエス・キリストのしるしです。これからあなた（がた）はキリストに結《むす》ばれ、教会《きょうかい》の一員《いちいん》となるのです。

次に親、代父母に向かって言う。

司　ご両親《りょうしん》も代父《だいふ》（母《ぼ》）の方《かた》も、この子《こ》（どもたち）に十字架《じゅうじか》のしるしをしてください。

親、代父母は幼児の額に十字架のしるしをする。

70 祈願

司会者は次の祈りをする。（しばらく沈黙のうちに祈る）

司　祈《いの》りましょう。
すべての人《ひと》の父《ちち》である神《かみ》よ、あなたは御子《おんこ》イエス・キリストの十字架《じゅうじか》によって、
わたしたちを復活《ふっかつ》の いのちに導《みちび》いてくださいます。
今《いま》、十字架《じゅうじか》の しるしを受《う》けた子《こ》ども（たち）を守《まも》ってください。
信《しん》じる者《もの》の交《まじ》わりの中《なか》で、いつも あなたを父《ちち》と仰《あお》ぎ、力強《ちからづよ》く成長《せいちょう》しますように。
　わたしたちの主《しゅ》イエス・キリストによって。

一同　アーメン。

71 司会者は、親、代父母および参加者に、ことばの典礼にあずかるように招く。
開祭が聖堂の入口で行われた場合、行列して祭壇の前に進む。この間、できれば会衆は詩編かふさわしい聖歌を歌う。一同が席につくと ことばの典礼を行う。

二　ことばの典礼

聖書朗読とすすめ

72

32（*43*ページ）にあげられた箇所の一つを選んで朗読する。

続いて短い話をして、洗礼の秘跡をよりよく理解させ、親と代父母に、その責任をすすんで果たすようにすすめる。

73

朗読と話の代わりに、次のようなすすめのことばを述べることもできる。

司

主《しゅ》・キリストは使徒《しと》に「あなたがたは行《い》って、すべての国《くに》の人々《ひとびと》を弟子《でし》とし、父《ちち》と子《こ》と聖霊《せいれい》の　み名《な》によって洗礼《せんれい》を授《さず》けなさい。」と仰《おお》せになり、洗礼《せんれい》の秘跡《ひせき》を教会《きょうかい》に　おゆだねになりました。
この秘跡《ひせき》によって子《こ》ども（たち）は主《しゅ》・キリストと結《むす》ばれ、罪《つみ》から解放《かいほう》されて教会《きょうかい》の一員《いちいん》となり、神《かみ》の子《こ》どもとなるのです。これほどの恵《めぐ》みは、人《ひと》の力《ちから》によるものではなく神《かみ》のみが与《あた》えてくださるものです。

わたしたちは心《こころ》を一《ひと》つにし、信仰《しんこう》のうちに この恵《めぐ》みを祈《いの》り求《もと》めましょう。父《ちち》である神《かみ》は、わたしたちの祈《いの》りの中《なか》に御子《おんこ》キリストの声《こえ》を聞《き》き、この子《こ》（どもたち）に聖霊《せいれい》の豊《ゆた》かな恵《めぐ》みを注《そそ》いでくださいます。

共同祈願

74 自由に意向を述べるか、あるいは次にあげる意向の中からいくつかを選んでもよい。最後に全教会のため、また全世界のための意向を加える。

司　皆《みな》さん、洗礼《せんれい》を受《う》ける この子《こ》（どもたち）のため、またご両親《りょうしん》と家族《かぞく》のかたがた、代父《だいふ》（母《ぼ》）、ここに集《あつ》まった わたしたち教会共同体《きょうかいきょうどうたい》のために、主《しゅ》・キリストの いつくしみを求《もと》めて祈《いの》りましょう。

先　洗礼《せんれい》の秘跡《ひせき》によって新《あら》たに生《う》まれる この子《こ》（どもたち）が、神《かみ》の祝福《しゅくふく》のうちに成長《せいちょう》し、教会《きょうかい》の力強《ちからづよ》い一員《いちいん》となりますように。

先　十字架《じゅうじか》のしるしを額《ひたい》に受《う》けた この子《こ》（どもたち）が、生涯《しょうがい》キリストに忠実《ちゅうじつ》に従《しかが》うことができますように。

先　ご両親《りょうしん》、代父《だいふ》（母《ぼ》）のかたがたが、生活《せいかつ》と教育《きょういく》を通《とお》して、この子《こ》（どもたち）の信仰《しんこう》の模範《もはん》となることができますように。

代父母　この子《こ》（どもたち）が、ご両親《りょうしん》にとっては喜《よろこ》びとなり、また教会《きょうかい》の誇《ほこ》りとなりますように。

両親　わたしたち親子《おやこ》が信仰《しんこう》の喜《よろこ》びに生《い》き、信《しん》じる すべての人々《ひとびと》とともに、聖人《せいじん》の交《まじ》わりにはいることができますように。

参加者　きょう洗礼式《せんれいしき》にあずかる わたしたち一人《ひとり》ひとりが、自分《じぶん》の受《う》けた洗礼《せんれい》の恵《めぐ》みを思《おも》い起《お》こし、心《こころ》を新《あら》たにして信仰《しんこう》の恵《めぐ》みにこたえることができますように。

先　キリストを信《しん》じるすべての人《ひと》が一致《いっち》してキリストの精神《せいしん》に生《い》き、そのあかしびととなりますように。

75 司会者は次のようなことばで聖人の取り次ぎを求める祈りに招く。

司 神《かみ》の栄光《えいこう》のうちに生《い》きる聖人《せいじん》に祈《いの》りを願《ねが》いましょう。

先 神《かみ》の母《はは》聖《せい》マリア 一同 わたしたちのためにお祈《いの》りください。

先 聖《せい》ヨセフ 〃

先 洗礼者《せんれいしゃ》聖《せい》ヨハネ 〃

先 使徒《しと》聖《せい》ペトロとパウロ 〃

先 聖《せい》フランシスコ・ザビエル 〃

先 聖《せい》なる日本《にほん》の殉教者《じゅんきょうしゃ》 〃

先 〇〇〇〇（ここに洗礼名の聖人の取り次ぎを加えてもよい） 〃

先 神《かみ》のすべての聖人《せいじん》と聖女《せいじょ》 〃

76 次の「解放を求める祈り」で結ぶ。

司 聖《せい》なる父《ちち》よ、あなたは悪霊《あくれい》の力《ちから》を取《と》り除《のぞ》き、
人《ひと》を闇《やみ》から光《ひかり》の国《くに》に導《みちび》くために御《おん》ひとり子《ご》を世《よ》におつかわしになりました。
この子《こ》（どもたち）が、原罪《げんざい》の きずなを解《と》かれ、
聖霊《せいれい》の すまいとなることができますように。
わたしたちの主《しゅ》イエス・キリストによって。

一同 アーメン。

三 洗礼の儀

77 洗礼は、洗礼所や祭壇の前など、会衆がよく参加できる場所で行う（入信の秘跡の緒言23、24）。

78

水の祝福

洗礼のための水は、そのつど祝福して神の救いのわざを想起し、聖霊の働きを祈る（入信の秘跡の緒言20、21）。祝福の祈りは次にあげる形式のいずれかを用いる。

第一形式

司会者は次のようなことばで祈りに招く。

司　皆《みな》さん、全能《ぜんのう》の神《かみ》が、水《みず》と聖霊《せいれい》によって新《あたら》しい　いのちを　この子《こ》（どもたち）に与《あた》えてくださるよう祈《いの》りましょう。

次の祝福の祈りを唱える。

司　いつくしみ深《ふか》い父《ちち》は、洗礼《せんれい》の泉《いずみ》によって、わたしたちの中《なか》に新《あたら》しい　いのちが　わき出《で》るように定《さだ》めてくださいました。

一同　神《かみ》よ、あなたに賛美《さんび》をささげます。

司　父《ちち》は、水《みず》と聖霊《せいれい》によって洗礼《せんれい》を受《う》ける人《ひと》を一《ひと》つの民《たみ》に集《あつ》め、ひとり子《ご》イエス・キリストに結《むす》んでくださいます。

一同　神《かみ》よ、あなたに賛美《さんび》をささげます。

司　父《ちち》は、愛《あい》の霊《れい》を　わたしたちの心《こころ》に注《そそ》いで、　まことの自由《じゆう》と平和《へいわ》を与《あた》えてくださいます。

一同　神《かみ》よ、あなたに賛美《さんび》をささげます。

司　父《ちち》は、洗礼《せんれい》を受《う》けた人《ひと》に、御子《おんこ》キリストの福音《ふくいん》をのべ伝《つた》える使命《しめい》を与《あた》えられます。

一同　神《かみ》よ、あなたに賛美《さんび》をささげます。

結びの祈り

新しく水を祝福する場合

司　いのちの与《あた》え主《ぬし》である神《かみ》よ、この水《みず》を祝福《しゅくふく》してください。

あなたに呼《よ》ばれて、教会《きょうかい》の信仰《しんこう》の中《なか》で洗礼《せんれい》を受《う》ける子《こ》ども（たち）が、
永遠《えいえん》の　いのちに生《い》きる者《もの》となりますように。
わたしたちの主《しゅ》イエス・キリストによって。

一同　アーメン。

復活節中で、祝福された水がある場合

司　いのちの与《あた》え主《ぬし》である神《かみ》よ、
聖別《せいべつ》された　この水《みず》の神秘《しんぴ》によって新《あたら》しい　いのちに導《みちび》いてください。
あなたに呼《よ》ばれて、教会《きょうかい》の信仰《しんこう》の中《なか》で洗礼《せんれい》を受《う》ける子《こ》ども（たち）が、
永遠《えいえん》の　いのちに生《い》きる者《もの》となりますように。
わたしたちの主《しゅ》イエス・キリストによって。

一同　アーメン。

悪霊の拒否と信仰宣言、79（118ページ）に続く。

司会者は次のようなことばで祈りに招く。

司　皆《みな》さん、全能《ぜんのう》の神《かみ》が、水《みず》と聖霊《せいれい》によって新《あたら》しい　いのちを　この子《こ》(どもたち)に与《あた》え
てくださるよう祈《いの》りましょう。

次の祝福の祈りを唱える。

司　わたしたちの父《ちち》である神《かみ》よ、あなたの　もとに　つどう民《たみ》を顧《かえり》みてください。
あなたは水《みず》を造《つく》り、大地《だいち》をうるおして豊《ゆた》かに実《みの》らせ、
人《ひと》の　いのちを養《やしな》ってくださいました。
あなたは　また、水《みず》によって　いつくしみを示《しめ》してくださいました。
イスラエルの民《たみ》は海《うみ》を渡《わた》って解放《かいほう》され、砂《さ》ばくでは渇《かわ》きをいやされ、

預言者《よげんしゃ》は、新《あたら》しい契約《けいやく》を水《みず》の働《はたら》きによって教《おし》え、
さらにキリストは、ヨルダン川《がわ》で水《みず》を清《きよ》められました。
神《かみ》よ、あなたは水《みず》を洗礼《せんれい》の秘跡《ひせき》に用《もち》いて、死《し》に定《さだ》められた人間《にんげん》を新《あたら》しい　いのちに導《みちび》
いてくださいます。

結びの祈り

新しく水を祝福する場合

司
いのちの与《あた》え主《ぬし》である神《かみ》よ、この水《みず》を祝福《しゅくふく》してください。
あなたに呼《よ》ばれて、教会《きょうかい》の信仰《しんこう》の中《なか》で洗礼《せんれい》を受《う》ける子《こ》ども（たち）が、
永遠《えいえん》の　いのちに生《い》きる者《もの》となりますように。
わたしたちの主《しゅ》イエス・キリストによって。

一同
アーメン。

復活節中で、祝福された水がある場合

司　いのちの与《あた》え主《ぬし》である神《かみ》よ、
聖別《せいべつ》された　この水《みず》の神秘《しんぴ》によって新《あたら》しい　いのちに導《みちび》いてください。
あなたに呼《よ》ばれて、教会《きょうかい》の信仰《しんこう》の中《なか》で洗礼《せんれい》を受《う》ける子《こ》ども（たち）が、
永遠《えいえん》の　いのちに生《い》きる者《もの》となりますように。
わたしたちの主《しゅ》イエス・キリストによって。

一同　アーメン。

悪霊の拒否と信仰宣言

79　司会者は親と代父母に次のことばを言う。

司　ご両親《りょうしん》と代父《だいふ》（母《ぼ》）の皆《みな》さん、神《かみ》は洗礼《せんれい》の秘跡《ひせき》によってこの子《こ》ども（たち）に新《あたら》し

い　いのちを与《あた》えてくださいます。あなたがたは、そのいのちが成長《せいちょう》するよう教会《きょうかい》の信仰《しんこう》の中《なか》で子《こ》ども（たち）を育《そだ》てて行《ゆ》く決心《けっしん》をしておられます。あなたがた自身《じしん》が受《う》けた洗礼《せんれい》を思《おも》い起《お》こし、罪《つみ》を捨《す》てる決意《けつい》と、キリストに従《したが》う信《しん》仰《こう》を表明《ひょうめい》してください。

次の形式のいずれかを用いて尋ねる。

第一形式

司　あなたがたは、神《かみ》の子《こ》の自由《じゆう》に生《い》きるために罪《つみ》のわざを退《しりぞ》けますか。

親代父母　退《しりぞ》けます。

司　罪《つみ》に支配《しはい》されることがないように悪《あく》を退《しりぞ》けますか。

第二形式

司　あなたがたは悪霊《あくれい》を捨《す》てますか。

親代父母　捨《す》てます。

司　その　すべての　わざを捨《す》てますか。

親代父母　捨《す》てます。

司　その　すべての虚栄《きょえい》を捨《す》てますか。

親 代父母　退《しりぞ》けます。

司　神《かみ》に反《はん》する　すべてのものを退《しりぞ》けますか。

親 代父母　退《しりぞ》けます。

親 代父母　捨《す》てます。

80　続いて信仰宣言を求める。

司　あなたがたは、天《てん》地《ち》の創《そう》造《ぞう》主《しゅ》、全《ぜん》能《のう》の、神《かみ》である父《ちち》を信《しん》じますか。

親 代父母　信《しん》じます。

司　父《ちち》のひとり子《ご》、おとめマリアから生《う》まれ、苦《くる》しみを受《う》けて葬《ほうむ》られ、死《し》者《しゃ》のうちから復《ふっ》活《かつ》して、父《ちち》の右《みぎ》におられる主《しゅ》イエス・キリストを信《しん》じますか。

親 代父母　信《しん》じます。

司　聖《せい》霊《れい》を信《しん》じ、聖《せい》なる普《ふ》遍《へん》の教《きょう》会《かい》、聖《せい》徒《と》の交《まじ》わり、罪《つみ》のゆるし、からだの復《ふっ》活《かつ》、永《えい》遠《えん》の　いのちを信《しん》じますか。

親代父母　信《しん》じます。

81　信仰賛歌

信仰宣言に答えて司会者と会衆は短い信仰賛歌を歌う。たとえば

典礼聖歌382「神は愛」（一ヨハネ4・16）

413「すべてのものの中に」（エフェソ4・6）

405「ひとつになろう」（ガラテヤ3・28）

389「キリストのように父を仰ぎ」（エフェソ5・1―2）

歌わない場合は次のことばを唱える。

司　これこそ　わたしたちの信仰《しんこう》

主《しゅ》イエス・キリストにおいて

誇《ほこ》りをもって宣言《せんげん》する教会《きょうかい》の信仰《しんこう》。

一同　アーメン。

82 洗礼

司会者は最初の家族を洗礼盤に招き、親、代父母の意志を確かめ、続いて洗礼を授ける。
その間、母親（または父親）が幼児を抱いている。次の家族についても同じようにする。

司　今《いま》 表明《ひょうめい》した教会《きょうかい》の信仰《しんこう》の中《なか》で、〇〇〇〇（子どもの姓名）が洗礼《せんれい》を受《う》けることを 望《のぞ》みますか。

親 代父母　望《のぞ》みます。

司会者は次のことばを唱えながら幼児の頭に三度水を注ぐ。

司　〇〇〇〇（子どもの姓名）、わたしは
父《ちち》と（水を注ぐ）
子《こ》と（水を注ぐ）
聖霊《せいれい》（水を注ぐ）の み名《な》によって、
あなたに洗礼《せんれい》を授《さず》けます。

83 続いて次のことばを言う。聖香油の塗油は行わない。

司　わたしたちの主《しゅ》イエス・キリストの父《ちち》、全能《ぜんのう》の神《かみ》は、あなた（がた）を罪《つみ》から解《かい》放《ほう》し、水《みず》と聖霊《せいれい》によって新《あたら》しい　いのちを与《あた》えてくださいました。神《かみ》の民《たみ》に加《くわ》えられた　あなた（がた）は、神《かみ》ご自身《じしん》から救《すく》いの香油《こうゆ》を注《そそ》がれて、大祭《だいさい》司《し》、預言者《よげんしゃ》、王《おう》であるキリストに結《むす》ばれ、その使命《しめい》に生《い》きるものとなります。

親代父母　アーメン。

84 白衣の授与

幼児一人ひとりに次のことばを言いながら白衣を与える。
幼児の数が多いときは、各自に白衣を与えてから全員に向かって次のことばを言う。

司　あなた（がた）が新《あたら》しい人《ひと》となり、キリストを着《き》る者《もの》となったしるしとして白衣《びゃくい》を受《う》けなさい。キリストの恵《めぐ》みに包《つつ》まれて、永遠《えいえん》に生《い》きる者《もの》となりますように。

親代父母　アーメン。

85 ろうそくの授与

司会者は復活のろうそくを持ち、子どもたちに向かって言う。

司　キリストの光《ひかり》を受《う》けなさい。

親、または代父母が、復活のろうそくから各幼児のろうそくに火をつける。

司　信仰《しんこう》の光《ひかり》を表《あらわ》す　この火《ひ》は、両親《りょうしん》と代父《だいふ》（母《ぼ》）の皆《みな》さんにゆだねられます。この子《こ》（どもたち）が信仰《しんこう》のうちに育《そだ》ち、キリストの光《ひかり》を世《よ》に輝《かがや》かすものとなりますように。

親 代父母　アーメン。

86 洗礼名の授与

次のように言って洗礼名を与える。

司　○○○○（洗礼名）、これが　あなたの洗礼名《せんれいめい》です。

87　洗礼が祭壇から離れた場所で行われた場合は行列して祭壇におもむく。
受洗者のろうそくは火をともしたまま持って行く。その間に洗礼の歌を歌うことができる。

四　閉　祭

88　主の祈り

司会者は祭壇の前に立って親、代父母および参加者に向かい、次のようなことばで祈りに招く。

司　皆《みな》さん、この子《こ》（どもたち）は洗礼《せんれい》によって新《あたら》しい　いのちに生《う》まれ、神《かみ》の子《こ》どもとなりました。やがて堅信《けんしん》の秘跡《ひせき》を受《う》けて、聖霊《せいれい》の　たまものを受《う》けます。また、この祭壇《さいだん》で主《しゅ》の晩《ばん》さんにあずかり、神《かみ》の民《たみ》のつどいの中《なか》で、神《かみ》を父《ちち》と呼《よ》ぶ日《ひ》がきます。きょうは、この子《こ》（どもたち）にかわって　わたしたちが、主《しゅ》の教《おし》えてくださった祈《いの》りを唱《とな》えましょう。

一同　天《てん》におられるわたしたちの父《ちち》よ……

89　祝福

司会者は一同の上に祝福の祈りを唱える。

司　全能《ぜんのう》の神《かみ》、父《ちち》と子《こ》と聖霊《せいれい》の恵《めぐ》みを皆《みな》さんの上《うえ》に祈《いの》ります。
神《かみ》が、皆《みな》さんの日々《ひび》を守《まも》ってくださいますように。
また、わたしたちが信仰《しんこう》の光《ひかり》に従《したが》って歩《あゆ》み、
ともに約束《やくそく》された国《くに》に　はいることができますように。
行《ゆ》きましょう、主《しゅ》の平和《へいわ》のうちに。

一同　神《かみ》に感謝《かんしゃ》。

90　祝福の後、復活の喜びと感謝をあらわす歌、あるいは聖母の賛歌を全員で歌うとよい。

第四章　緊急洗礼を受けた幼児を教会に迎える式

91

この式は、緊急洗礼を受けた幼児が健康を回復したときに行う。また何らかの理由で、共同体の参加なしに受洗した幼児を公に教会に迎えるときもこの式を用いる（幼児洗礼の緒言18）。

用意するもの

—ミサ中に行われるときはミサに必要な用具一式。
—聖香油、聖書、聖歌集、白衣（できれば家庭で用意したもの。幼児洗礼の緒言22(3)）。復活のろうそく、幼児のためのろうそく。
—ミサのないときは、服装としてアルバとストラ。カッパを用いることもできる。

司牧的配慮

—洗礼によって、幼児がキリスト者の共同体に加えられたことを明らかにする式であるから主日に行うことが望ましい。

それ以外の日に行う場合にも、家族、代父母の他に、共同体を代表するために何人かの信者が集まるよう配慮する。

—幼児がすでに堅信の秘跡を受けているときは、洗礼後の聖香油の塗油は行わない。

一　開祭—幼児を迎える式—

92　司式者は奉仕者を伴って、親と代父母が幼児を連れて集まっているところ（普通は聖堂の入口）に行く。その間、できれば会衆は詩編か聖歌を歌う。

93　**始めのあいさつ**

司式者は集まった人々に次のようなことばであいさつし、特に親と代父母に、幼児が洗礼の恵みを受けたこと、病後の場合には、からだの健康を回復したことを喜び、神に感謝し、一同に子どもを紹介する。

司　きょう、○○（姓）さんが、お子《こ》さんを教会《きょうかい》に連《つ》れて来《き》ておられます。お子《こ》さんの○○○○（子どもの姓名）さんは、○月○日に（緊急《きんきゅう》）洗礼《せんれい》を受《う》け、きょう初《はじ》めてわたしたちのつどいにあずかります。（このように元気《げんき》になられたことを）神《かみ》に感謝《かんしゃ》しながら喜《よろこ》んで迎《むか》えましょう。

94　両親に向かって次のようなことばで尋ねる。

司　○○（姓）さん、子《こ》どもは親《おや》の愛《あい》と信仰《しんこう》につつまれて、キリストの恵《めぐ》みのうちに育《そだ》って行《ゆ》きます。この子《こ》が、神《かみ》と人《ひと》への愛《あい》のうちに成長《せいちょう》するよう、親《おや》としての責任《せきにん》を果《は》たす決心《けっしん》を持《も》っていますか。

親　はい、持《も》っています。

次に代父母に向かい次のように言う。

司　代父《だいふ》（母《ぼ》）の方《かた》も ご両親《りょうしん》と力《ちから》を合《あ》わせ、子《こ》どもの信仰《しんこう》を育《そだ》てて行《い》ってください。

代父母　はい。

95 十字架のしるし

司式者は幼児に向かって言う。

司　○○○○（子どもの姓名）、ここに集《あつ》まる わたしたちは、両親《りょうしん》とともに神《かみ》に感謝《かんしゃ》しながら あなたを心《こころ》から喜《よろこ》んで迎《むか》え、あなたが教会《きょうかい》に受《う》け入《い》れられていることを宣言《せんげん》します。

その しるしとして今《いま》、救《すく》い主《ぬし》キリストの十字架《じゅうじか》を しるします。

幼児の額に親指で軽く十字架のしるしをする。

次に親、代父母に向かって言う。

司　ご両親《りょうしん》も代父《だいふ》（母《ぼ》）の方《かた》も、この子《こ》に十字架《じゅうじか》の しるしをしてください。

親、代父母は幼児の額に十字架のしるしをする。

96 祈願

続いて次の祈りをする。この式がミサ中に行われるときは、これを集会祈願として用いる。

司 すべての人《ひと》の父《ちち》である神《かみ》よ、
あなたは御子《おんこ》イエス・キリストの十字架《じゅうじか》によって、
わたしたちを復活《ふっかつ》の いのちに導《みちび》いてくださいます。
今《いま》、十字架《じゅうじか》の しるしを受《う》けた子《こ》どもを守《まも》ってください。
信《しん》じる者《もの》の交《まじ》わりの中《なか》で、いつも あなたを父《ちち》と仰《あお》ぎ、力強《ちからづよ》く成長《せいちょう》しますように。
わたしたちの主《しゅ》イエス・キリストによって。

一同 アーメン。

97

司式者は親、代父母および参加者に、ことばの典礼にあずかるように招く。
開祭が聖堂の入口で行われた場合、行列して祭壇の前に進む。この間、できれば会衆は詩編かふさわしい聖歌を歌う。一同が席につくとことばの典礼を行う。

二　ことばの典礼

98 ことばの典礼は次の順序で行われる。
聖書朗読、説教、共同祈願と聖人の取り次ぎを求める祈り。

99 **聖書朗読**

次にあげる箇所から一つを選ぶ。

ヨハネ3・1—6　水と霊によって生まれなければ神の国にはいることはできない。

マタイ28・18—20　行ってすべての国の人々を弟子とし、父と子と聖霊の名に入れる洗礼を授けなさい。

マルコ1・9—11　イエスはヨルダン川でヨハネから洗礼をお受けになった。

マルコ10・13—16　子どもたちを　わたしのところに来させなさい。止めてはならない。

右の他に、32（*43*ページ）にあげられた箇所、または親の要望や状況に応じて、ふさわしい箇所を選ぶことができる。

100 **説教**

司式者は朗読の内容に基づいた短い説教をして、洗礼の秘跡をよりよく理解させ、親と代父母に、その責任をすすんで果たすようにすすめる。

説教の後、沈黙のうちにしばらく祈るとよい。

101 **共同祈願**

自由に意向を述べるか、あるいは次にあげる意向の中からいくつかを選んでもよい。

司

皆《みな》さん、生命《せいめい》の危険《きけん》に際《さい》して洗礼《せんれい》を受《う》け、神《かみ》の はからいによって健康《けんこう》を取《と》りもどしたこの子《こ》のため、ご両親《りょうしん》と家族《かぞく》のかたがた、代父《だいふ》（母《ぼ》）、そして今《いま》、この子《こ》を迎《むか》える わたしたち教会《きょうかい》共同体《きょうどうたい》のため、主《しゅ》・キリストの いつくしみを求《もと》めて祈《いの》りましょう。

先　洗礼《せんれい》の秘跡《ひせき》によって新《あら》たに生《う》まれた　この子《こ》が、神《かみ》の祝福《しゅくふく》のうちに成長《せいちょう》し、教会《きょうかい》の力《ちから》強《づよ》い一員《いちいん》となりますように。

先　十字架《じゅうじか》の　しるしを額《ひたい》に受《う》けた　この子《こ》が、生涯《しょうがい》キリストに忠実《ちゅうじつ》に従《したが》うことができますように。

先　ご両親《りょうしん》、代父《だいふ》（母《ぼ》）のかたがたが、生活《せいかつ》と教育《きょういく》を通《とお》して、この子《こ》の信仰《しんこう》の模範《もはん》となることができますように。

代父母　この子《こ》が、ご両親《りょうしん》にとって喜《よろこ》びとなり、また教会《きょうかい》の誇《ほこ》りとなりますように。

親　この子《こ》を健康《けんこう》にしてくださった神《かみ》に感謝《かんしゃ》し、わたしたち親子《おやこ》が信仰《しんこう》の喜《よろこ》びに生《い》き、信《しん》じる　すべての人《ひと》とともに聖人《せいじん》の交《まじ》わりに　はいることができますように。

先　キリストを信《しん》じる人《ひと》が一致《いっち》してキリストの精神《せいしん》に生《い》き、信仰《しんこう》のあかしびととなりますように。

102 司式者は次のようなことばで聖人の取り次ぎを求める祈りに招く。

司　神《かみ》の栄《えい》光《こう》のうちに生《い》きる聖人《せいじん》に祈《いの》りを願《ねが》いましょう。

先　神《かみ》の母《はは》聖《せい》マリア　一同　わたしたちのためにお祈《いの》りください。

先　聖《せい》ヨセフ　〃

先　洗《せん》礼《れい》者《しゃ》聖《せい》ヨハネ　〃

先　使《し》徒《と》聖《せい》ペトロとパウロ　〃

先　聖《せい》フランシスコ・ザビエル　〃

先　聖《せい》なる日本《にほん》の殉教者《じゅんきょうしゃ》　〃

先　○○○（ここに洗礼名の聖人の取り次ぎを加えてもよい）〃

先　神《かみ》のすべての聖人《せいじん》と聖女《せいじょ》　〃

103 続いて次の祈りを唱える。

司　いのちの源《みなもと》である神《かみ》よ、
両親《りょうしん》の心《こころ》づかいのうちに　あなたの　いつくしみが現《あらわ》れ、
子《こ》どもの病気《びょうき》の中《なか》にも　あなたの支《ささ》えがあり、
洗礼《せんれい》を通《とお》して　あなたの救《すく》いが示《しめ》されます。
洗礼《せんれい》によって闇《やみ》から光《ひかり》に移《うつ》され、　あなたの子《こ》どもとなり、
聖霊《せいれい》の　すまいとなった○○○○（子どもの姓名）のために感謝《かんしゃ》して祈《いの》ります。
救《すく》い主《ぬし》イエス・キリストの力《ちから》に支《ささ》えられて、　人生《じんせい》の試練《しれん》に打《う》ち勝《か》ち、
あなたの国《くに》に向《む》かって力強《ちからづよ》く歩《あゆ》むことができますように。
　わたしたちの主《しゅ》イエス・キリストによって。
一同　アーメン。

三　洗礼の意義を示す式

104

聖香油の塗油

幼児がキリストの祭司職にあずかり、神の民に加えられたことを示すために聖香油の塗油を行う。すでに堅信の秘跡を受けている場合は、この塗油は行わない。

司式者は次の祈りを唱える。

司　わたしたちの主《しゅ》イエス・キリストの父《ちち》、全能《ぜんのう》の神《かみ》は、あなたを罪《つみ》から解放《かいほう》し、水《みず》と聖霊《せいれい》によって新《あたら》しい　いのちを与《あた》えてくださいました。神《かみ》の民《たみ》に加《くわ》えられた　あなたは、神《かみ》ご自身《じしん》から救《すく》いの香油《こうゆ》を注《そそ》がれて、大祭司《だいさいし》、預言者《よげんしゃ》、王《おう》であるキリストに結《むす》ばれ、その使命《しめい》に生《い》きるものとなります。

親代父母　アーメン。

続いて司式者は、幼児の頭に聖香油を塗る。

105 白衣の授与

次のことばを言いながら幼児に白衣を与える。

司 あなたが新《あたら》しい人《ひと》となり、キリストを着《き》る者《もの》となった しるしとして白衣《びゃくい》を受《う》けなさい。キリストの恵《めぐ》みに包《つつ》まれて、永遠《えいえん》に生《い》きる者《もの》となりますように。

親 アーメン。

106 ろうそくの授与

司式者は復活のろうそくを持ち、子どもに向かって言う。

司 キリストの光《ひかり》を受《う》けなさい。

親または代父母が、復活のろうそくから幼児のろうそくに火をつける。

司 信仰《しんこう》の光《ひかり》を表《あらわ》す この火《ひ》は、両親《りょうしん》と代父《だいふ》（母《ぼ》）の皆《みな》さんにゆだねられます。この子《こ》が信仰《しんこう》のうちに育《そだ》ち、キリストの光《ひかり》を世《よ》に輝《かがや》かすものとなりますように。

親代父母　アーメン。

107　洗礼名の授与

洗礼名をまだ与えていなければ、次のように言って与える。

司　○○○○（洗礼名）、これがあなたの洗礼名《せんれいめい》です。

108　ミサ中に行われるときは感謝の典礼、50（*66*ページ）に続く。
ミサのない場合は直ちに閉祭、54（*87*ページ）に移る。

付録

答唱詩編

（答唱詩編は本来歌われるものである。歌う場合は答唱を各節ごとに繰り返すが、朗唱するときは答唱を唱える必要はない。）

詩編 23

答唱　神《かみ》は　わたしの牧者《ぼくしゃ》、
わたしは乏《とぼ》しいことがない。

または

主《しゅ》は　われらの牧者《ぼくしゃ》、
わたしは乏《とぼ》しいことがない。

神《かみ》は　わたしの牧者《ぼくしゃ》、
わたしは乏《とぼ》しいことがない。　←

神《かみ》は　わたしを緑《みどり》の牧場《まきば》に伏《ふ》させ、
いこいの水辺《みずべ》に伴《ともな》われる。
神《かみ》は　わたしを生《い》き返《かえ》らせ、
その　いつくしみによって
　正《ただ》しい道《みち》に導《みちび》かれる。
神《かみ》よ、たとえ死《し》のかげの谷《たに》を歩《あゆ》んでも、
わたしは災《わざわ》いを恐《おそ》れない。
あなたが　わたしとともにおられ、
あなたのむちとつえは　わたしを守《まも》る。

あなたは敵《てき》の見《み》ている前《まえ》で、
わたしのために会食《かいしょく》を整《ととの》え、
わたしの頭《あたま》に油《あぶら》を注《そそ》ぎ、
わたしの杯《さかずき》を満《み》たされる。

神《かみ》の恵《めぐ》みと　いつくしみに生涯《しょうがい》伴《ともな》われ、
わたしは　とこしえに神《かみ》の家《いえ》に生《い》きる。

詩編　27

答唱　神《かみ》は　わたしの光《ひかり》、わたしの救《すく》い、
わたしは　だれも恐《おそ》れない。

神《かみ》は　わたしの光《ひかり》、わたしの救《すく》い、
わたしは　だれも恐《おそ》れない。
神《かみ》は　わたしの　いのちのとりで、
わたしは　だれを　はばかろう。

わたしは神《かみ》に
一《ひと》つのことを願《ねが》い求《もと》めている。
生涯《しょうがい》、神《かみ》の家《いえ》を　すまいとし、
あかつきとともに目《め》ざめ、
神《かみ》の美《うつく》しさを仰《あお》ぎ見《み》ることを。
苦悩《くのう》の日々《ひび》、神《かみ》は
わたしを　いおりに隠《かく》し、

←

その幕屋《まくや》にかくまって
　岩《いわ》の上《うえ》に立《た》たせてくださる。
群《むら》がる敵《てき》の　さ中《なか》で、
わたしは頭《あたま》を高《たか》く上《あ》げる。
喜《よろこ》びにあふれて幕屋《まくや》で　いけにえをささげ、
神《かみ》をたたえて歌《うた》おう。

神《かみ》よ、わたしの声《こえ》を聞《き》き、
わたしをあわれみ、こたえてください。
わたしの心《こころ》は　ささやく、
「神《かみ》の顔《かお》を尋《たず》ね求《もと》めよ。」
神《かみ》よ、あなたの顔《かお》を
わたしは慕《した》い求《もと》める。

詩編　34

答唱　主《しゅ》を仰《あお》ぎ見《み》て光《ひかり》を受《う》けよう、
　　主《しゅ》が訪《おとず》れる人《ひと》の顔《かお》は輝《かがや》く。

わたしは　いつも神《かみ》に感謝《かんしゃ》する、
明《あ》け暮《く》れ賛美《さんび》を口《くち》にして。
わたしの心《こころ》は神《かみ》をたたえ、
貧《まず》しい人《ひと》も、それを聞《き》いて喜《よろこ》ぶ。
心《こころ》を合《あ》わせて神《かみ》をあがめ、
ともに　その名《な》をたたえよう。

←

神《かみ》は　わたしの祈《いの》りに心《こころ》を留《と》め、
すべての恐《おそ》れを遠《とお》ざけてくださる。
神《かみ》を仰《あお》ぎ見《み》る人《ひと》の顔《かお》は輝《かがや》き、
恥《はじ》を受《う》けることがない。
神《かみ》は貧《まず》しい人《ひと》の叫《さけ》びを聞《き》き、
悩《なや》みの中《なか》から救《すく》い出《だ》し、
神《かみ》をおそれる人《ひと》に神《かみ》の使《つか》いを送《おく》り、
とりでを築《きず》かせて守《まも》ってくださる。
深《ふか》く味《あじ》わって悟《さと》りを得《え》よ、
神《かみ》は恵《めぐ》みに満《み》ちておられる。
神《かみ》に寄《よ》り頼《たの》む人《ひと》は　しあわせ。

神《かみ》を敬《うやま》う人《ひと》よ、神《かみ》をおそれよ。
神《かみ》をおそれる人《ひと》には乏《とぼ》しいことがない。
おごり暮《く》らす者《もの》は乏《とぼ》しくなり、
神《かみ》を求《もと》める人《ひと》は　よいもので満《み》たされる。

アレルヤ唱　および　詠唱

（四旬節中以外には、本文の前に二回、後に一回「アレルヤ」をつける。）

神《かみ》は世《よ》を愛《あい》し、ひとり子《ご》を与《あた》えられた。子《こ》を信《しん》じる人《ひと》が　ひとりも滅《ほろ》びることなく、
永遠《えいえん》の　いのちを得《え》るために。
（ヨハネ3・16）

わたしは世《よ》の光《ひかり》。わたしに従《したが》う人《ひと》は　いのちの光《ひかり》を持《も》っている。
（ヨハネ8・12b）

わたしは道《みち》、真理《しんり》、いのち。わたしを通《とお》らなければ、だれも父《ちち》の　もとに行《ゆ》けない。
（ヨハネ14・6）

主《しゅ》はひとり、信仰《しんこう》はひとつ、洗礼《せんれい》はひとつ。すべてのものの父《ちち》である神《かみ》は ひとり。

（エフェソ4・5―6）


わたしたちの救《すく》い主《ぬし》イエス・キリストは死《し》を滅《ほろ》ぼし、福音《ふくいん》によって いのちを示《しめ》してくださった。

（二テモテ1・10）


あなたがたは選《えら》ばれた民族《みんぞく》、王《おう》の祭司《さいし》、聖《せい》なる民《たみ》。暗《くら》やみから光《ひかり》に招《まね》き入《い》れてくださった神《かみ》の不《ふ》思《し》議《ぎ》なわざを告《つ》げ知《し》らせよ。

（一ペトロ2・9）

編集後記

一、本儀式書はラテン語規範版に基づくものであるが、第四回全国典礼委員会合同会議（一九七二年十二月）の方針と、全国的な試用をもとにして、日本のために必要な適応を加えて編集されたものである。

二、主な適応点として次のものがあげられる。
1 入信の秘跡の緒言の冒頭に、秘跡全体に関する説明を入れた（入信の秘跡の緒言1—3）。
2 水の祝福に第三形式（「聖週間の典礼」より）を加えた。
3 洗礼志願者の油は用いない。
4 「エフェタの式」は省く。
5 洗礼名の授与は、洗礼の後に行う。

三、司式上の便宜を考えて、最もよく使われる第二、第三奉献文が入れてある。

事前に当協議会事務局に連絡することを条件に、通常の印刷物を読めない、視覚障害者その他の人のために、録音または拡大による複製を許諾する。ただし、営利を目的とするものは除く。なお点字による複製は著作権法第37条第1項により、いっさい自由である。

カトリック儀式書　**幼児洗礼式**

1975年12月3日　初　版第1刷
2019年 8 月9日　第二版第1刷

日本カトリック司教協議会認可

編　集　日本カトリック典礼委員会

発　行　カトリック中央協議会
〒135-8585 東京都江東区潮見2-10-10 日本カトリック会館内
☎03-5632-4411(代表)、03-5632-4429(出版部)
https://www.cbcj.catholic.jp/

印　刷　三美印刷株式会社

JASRAC 出1907506-901　ISBN978-4-87750-220-1 C3016

乱丁本・落丁本は、弊協議会出版部あてにお送りください。
弊協議会送料負担にてお取り替えいたします。